03068 ^

4,80 L

FALKEN
BÜCHEREI

D1869076

Dieter Kellermann

Trinksprüche, Richtsprüche Gästebuchverse

FALKEN VERLAG

ISBN 3 8068 0224 6

Umschlagentwurf: P. Steinberger
Zeichnungen: Marianne von Euw
Gesamtherstellung: H. G. Gachet & Co., 6070 Langen bei Ffm.

201 918 171 615

INHALTSVERZEICHNIS

VORWORT 7

LASST UNS DIE GLÄSER ERHEBEN

Der Trinkspruch 9

TRINKSPRÜCHE

Zu den verschiedensten Anlässen 11

Zu besonderen Anlässen 36

Geburt und Taufe 36

Konfirmation und Kommunion 39

Verlobung 42

Hochzeit 44

Silberhochzeit 46

Goldene Hochzeit 48

Trinksprüche an:

die Freunde 49

die Frauen 49

die Hausfrau 49

den Wein 50

WÜRDEN SIE SICH BITTE EINTRAGEN?

Das Gästebuch 51

GÄSTEBUCHVERSE 55

Nach längerem Aufenthalt 64

Für Anfang und Ende des Gästebuches 66

NUN IST DER FESTKRANZ AUFGERICHT

Das Richtfest 68

RICHTSPRÜCHE 69

Richtspruch für ein Schulgebäude 75

Richtspruch für eine Kirche 75

Richtspruch für einen Kirchturm 76

Richtspruch für ein Krankenhaus 77

Richtspruch für eine Turnhalle 78

Richtspruch für Museum, Schule Rathaus o. ä. 79

Trinksprüche, Richtsprüche, Gästebuchverse

eine etwas seltsame Zusammenstellung, möchte man meinen. Wer jedoch genauer hinschaut, wird bald entdecken, daß diesen drei Spruchgruppen zwei Dinge gemeinsam sind: einmal der Wunsch und zum anderen der Dank.

Mit dem Trinkspruch wünscht man den anderen und sich selbst Fröhlichkeit und gute Laune, aber man dankt auch gleichzeitig. Man dankt für den herrlichen Wein und daß man im Kreise Gleichgesinnter zusammen sein darf. Man dankt zuletzt eigentlich dafür, daß sich unser Leben nicht nur im Bereich der alltäglichen Arbeit abspielt, sondern daß es auch noch eine andere, meist liebenswertere Seite des Daseins gibt, die nun einmal jene richtigverstandene Heiterkeit des Herzens voraussetzt, an deren Verlust so viele Menschen leiden.

Der Trinkspruch ist irgendwie und irgendwo immer ein Loblied auf den Wein, so wie der Richtspruch ein Loblied auf die menschliche Arbeit und der Gästebuchvers ein Lob der Gastfreundschaft ist.

Wer wollte nicht danken, wenn der mit Mühe und Arbeit verbundene Hausbau endlich so weit gediehen ist, daß die bunten Bänder des Richtkranzes vom Giebel wehen? Wer wollte dann aber auch darauf verzichten, dieses Haus mit allen guten Wünschen zu versehen, damit es wirklich den Schutz bietet, den man von ihm erwartet?

Wunsch und Dank sind ebenso sehr der Kern des Richtspruches, wie sie der eigentliche Inhalt all jener ernsten oder heiteren, gewollt oder vielleicht auch ungewollt komischen Gästebuchverse sind.

Der Dank an die Gastgeber, der Dank für ein paar schöne, geruhsame oder fröhliche Stunden, Tage und Wochen verbindet sich mit dem Wunsch, daß diese Zeit wiederkehren möge, daß man sich in frohem Kreise wieder gesund und guter Dinge zusammenfindet. Man wünscht denen Glück, die sich Mühe und Arbeit gemacht haben, um ihren Gästen das Gefühl der Zufriedenheit zu geben.

Wenn dieses Buch all denjenigen, die irgendwann in die Verlegenheit kommen, einen Trinkspruch oder einen Richtspruch vortragen, oder aber sich in ein Gästebuch eintragen zu müssen, eine wirkliche Hilfe bietet, hat es seine Aufgabe erfüllt.

Mehr will es nicht.

Dieter Kellermann

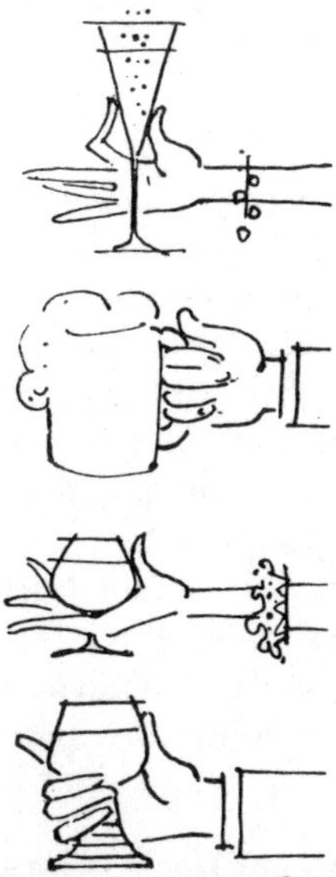

Laßt uns die Gläser erheben

DER TRINKSPRUCH

Um gleich zu Anfang mit einem weitverbreiteten Irrtum aufzuräumen: ein Trinkspruch ist kein Toast im eigentlichen Sinne. Während der richtige Trinkspruch fast immer gereimt ist, bedient sich der Toast der ungebundenen und ungereimten Sprache. Er ist eine sehr persönliche Kurzform der Rede bei Tisch, der diesen oder jenen Anwesenden — manchmal auch alle Damen oder sonst eine Gruppe von Gästen — ehrend hervorheben will.

Der Trinkspruch dagegen befaßt sich in seiner Aussage meist mit dem Trinken selbst. Der Wein wird gelobt, die kleinen und größeren Schwächen seiner Liebhaber werden scherzhaft „angeprangert". Gott Bacchus und sein flüssiges Geschenk stehen im Mittelpunkt der Verse. Ein Toast, eine Tischrede oder etwa eine Karnevalsrede enden immer im Zutrinken. Und die Aufforderung hierzu, sofern sie in Reimen erfolgt, ist der eigentliche Trinkspruch. Selbstverständlich sollte er zu der vorangegangenen Rede oder dem Toast einen inneren Bezug haben, um nicht beziehungslos und „angehängt" zu wirken. Während des Trinkspruches hält der Redner sein Glas in der Hand, erst danach trinkt er.

Selbstverständlich bleibt es jedem unbenommen, einen Trinkspruch, der seinem Wesen nach immer fröhlich und scherzhaft gemeint ist, in der entsprechenden Runde und zur entsprechenden Zeit auch ohne eine vorangegangene Rede oder einen Toast vorzutragen. So etwas ergibt sich von selbst.

Die folgende Sammlung von Trinksprüchen ist bunt und vielseitig genug, um jedem, der ein paar passende Verse sucht, etwas zu bieten. Es kann nie etwas schaden, wenn man über ein gewisses Repertoire an solchen weinseligen Sprüchen verfügt, denn wie oft gerät man in Situationen, in denen man einen kleinen rednerischen Beitrag zu leisten hat. Oftmals wird der Wunsch hiernach so überraschend an uns herangetragen, daß nicht genügend Zeit bleibt, sich eine wohlgesetzte „Rede" zu überlegen. Dann tut es der Toast, den man mit einem Trinkspruch beschließt, genauso gut. Und ist kein Toast erforderlich, dann tut es der Trinkspruch eben auch allein. Er wird die Wogen der Fröhlichkeit immer noch ein Stückchen höher schlagen lassen und in nichts anderem liegt seine Aufgabe und sein Sinn.

Ich trinke gern, wo man recht mit Maßen schenket
Und wo an Unmaß keiner je gedenket;
Weil es den Mann an Leib und Gut und an der Ehre kränket
Und auch der Seele schadet, hör sprechen ich die Weisen:
Dergleichen jeglicher von seinem Worte nicht begehrt.
Hielt er die rechten Maße völlig wert,
So tät ihm Glück und Heil und Seligkeit aufgleisen.
Das Maß, es ward den Leuten darum auferlegt,
Daß man sie gleicherweise meß und heg, ward ich beregt;
So hab Er Dank, der gleichermaßen mißt und gleichermaßen hegt.
Der hat nicht wohl getrunken, der sich übertrinke,
Wie zieme das dem wackern Mann, daß ihm die Zunge hinke!
Vom Wein? Ich wähn, Hauptsünde und Schande er zu sich winke.
Ihm ziemte mehr, könnt er noch brauchen seine Füße
Daß ohne Hülf er bei den Leuten könnte stehn,
Wie säntiglich man ihn trüge, er tät besser gehn.
So viel nur trinke jeder Mann, daß er sein Dürsten büße:
Geschiehet sonder Hauptsünd und sonder Spott,
Wer aber also trinket, daß er nicht sich, noch Gott
erkennet, der hat gebrochen Gottes Hochgebot.

WALTHER V. D. VOGELWEIDE

Trinksprüche

ZU DEN VERSCHIEDENSTEN ANLÄSSEN

Dank für den Wein

Dem ist Bacchus gewogen,
  erfreut ihn mit freundlichen Blicken,
Der ihm Ehre erweist und liebet
  den labenden Becher;
Doch seiner Reben schnödem Verächter
  grollt er gewaltig,
Drum wer die Gottheit fürchtet,
  trinke ihr frohes Gewächs!

*

Wer achtzig Jahre vom Weine trinkt,
Als Greis erst in die Grube sinkt.

*

Brüder, fliegt von euren Sitzen,
Wenn der volle Römer kreist,
Laßt den Schaum zum Himmel spritzen,
Dieses Glas dem guten Geist.

*

Aufforderung zum Trinken

Was nützt das kalte harte Gold
Tief drin dir in der Tasche?
Mach, daß es in die Kehle rollt,
Durch's Gläschen aus der Flasche!

*

Wenn du so recht im Sturme bist,
Denk derer, die zu Haus' du ließ'st,
Und trink auf's Wohl der deinen
Noch einen!

Ein fröhlich Gemüt,
Ein edler Wein,
Die mögen hier immer
Beisammen sein.

*

Gott lieben macht selig,
Weintrinken macht fröhlich;
Drum liebe Gott und trinke Wein,
So wirst du selig und fröhlich sein.

*

Trinke stets mit Maß und Ziel
Und trinke mit Verstand!
Wenn das Gläschen wackeln will,
So tu' es aus der Hand.

*

Guter Wein leert schnell den Beutel,
Schlechter schadet sehr dem Magen;
Besser aber ist's den Beutel
Als den guten Magen plagen.

*

Trinkt, solang der Becher winkt,
Trinket alle Tage.
Ob man auch im Jenseits trinkt,
Ist 'ne andere Frage.

*

Frühmorgens tut ein Gläschen gut,
Desgleichen zu Mittage,
Am Nachmittag nichts schaden tut,
Bringt abends keine Plage.
Zudem soll so ein Gläschen Wein
Um Mitternacht nicht schädlich sein.

O trink so lang du trinken kannst
Das gold'ne Blut der edlen Reben!
Denn wär das Trinken Sünde, dann
Wär uns nicht Durst und Wein gegeben.

*

Morgens ein Gläschen,
Des Mittags zwei,
Und des Abends vergißt man
das Zählen dabei.

*

Um dein Leben hoch zu bringen
Trinke Wein vor allen Dingen;
Aber soll er dich erfrischen,
Früh und spät nur — und dazwischen.
Reiche mir Rebensaft,
Schenke mir ein;
Dursten ist grauenhaft,
Trinken ist fein.

*

Durst ist der schönste Eigennutz,
Drum Ehre dem Erfinder!
Doch nahm er keinen Musterschutz,
Drum trinkt, ihr Menschenkinder.

*

Das sind gar edle Ströme,
Die Mosel wie der Rhein.
Der Dumme trinkt ihr Wasser,
Der Kluge ihren Wein.

*

Und so du einen Onkel hast
Und der hat feinen Wein,
So sorge, daß er dich nicht haßt,
sonst trinkt er ihn allein.

Dann leeret in Andacht den Becher;
Der Wein ist dem Himmel entstammt.
Seit Noah, dem Urahn der Zecher,
Ist Trinken ein heiliges Amt.

*

Ein braver Kerl trinkt immerdar,
Soviele Tag es gibt im Jahr —
Dreihundertfünfundsechzig!
Und wenn das Jahr ein Schaltjahr ist,
Trinkt er als Biedermann und Christ —
Dreihundertsechsundsechzig!

*

Trinke nur nicht tropfenweise!
Freund, das ist ein karger Schmaus;
Statt zu schlürfen, leise, leise,
Stürze du den Becher aus!
Nur kein feig Kapitulieren,
Ob es schadet, ob es frommt;
Was du wieder mußt verlieren,
O genieß es, wann es kommt!

*

Drei Sinnen tut der Wein genug:
Er labt Geschmack, Gesicht, Geruch.
Auch dem Gehör gebt frei die Bahn
Und stoßt die vollen Gläser an!

Ihr Freunde, hebet die Pokale.
Das Gläserklingen hör ich gern.
Stoß an mit einer rauhen Schale
Und such in ihr des Pudels Kern.
Bei uns wird nicht gesplitterrichtet.
Probleme sind unwesentlich.
Hier wird gesungen und gedichtet.
Wem es nicht paßt, der trolle sich.
Es gibt im Leben so viel Sachen,
Die dünken mir skurril, bizarr.
Wenn nur die Narren dürfen lachen,
dann bin ich wohl der größte Narr.
Du herrlich schönes Weltgebäude,
Dir widmen wir zum Dank den Toast
Für jedes Stücklein Lebensfreude.
In diesem Sinne, Freunde, Prost!

*

Wein und Liebe

Kannst du trinken, kannst du lieben,
Tu's nicht morgen, tu es heut;
Gutes Werk auf morgen schieben,
Hat schon mancher Tor bereut.

*

Alter Wein und junge Weiber
Sind die besten Zeitvertreiber.

*

Ein frohes Lied, ein frischer Trank,
Ein freies Wort, ein heitrer Schwank,
Ein warmer Kuß auf roten Mund,
Sie halten Kopf und Herz gesund.

Wein und Frauen sind auf Erden
Aller Weisen Hochgenuß,
Denn sie lassen selig werden,
ohne daß man sterben muß.

*

O duftige Blume im Weine,
Du blühst im Alter mir fort,
Wenn längst mit trügendem Scheine
Die Rose der Liebe verdorrt.

*

Ein Mädchen und ein Gläschen Wein
Kurieren alle Not,
Drum, wer nicht trinkt und wer nicht küßt,
Der ist so gut wie tot.

*

Voll, voll, voll,
Freunde, macht euch voll!
Wein, Wein, Wein,
Freunde, schenkt ihn ein!
Küßt, küßt, küßt,
Die euch wieder küßt!
Voll von Wein,
Voll von Liebe,
Voll von Wein und Liebe,
Freunde, voll zu sein,
Küßt und schenket ein!

*

Schon seit Olims grauer Zeit
Wollte man's erdenken,
Wem auf Erden weit und breit

Wohl der Preis zu schenken.
Und trotz aller Streiterei
Hat sich's bald ergeben,
Daß die Lieb' das Höchste sei
Und der Wein daneben.
Doch beim süßen Zeitvertreib
tät sich offenbaren:
Glut hat nur ein junges Weib,
Frost kommt mit den Jahren.
Bei dem Wein soll's anders sein.
Denn bei meiner Treue,
Kraft hat nur der alte Wein,
Leeren Braus der neue.
Und so folg' ich der Gewalt
Meiner schönsten Triebe.
Was ich trinke, das sei alt,
Jung sei, was ich liebe!
Und so soll mein Wahlspruch sein,
Dem ich mich ergeben:
Junge Weiber, alter Wein
Und ein freies Leben!

*

Dir wünsch ich Wein und Mädchenkuß,
Und deinem Klepper Pegasus
Die Krippe stets voll Futter!
Wer nicht liebt Wein, Weib und Gesang,
Der bleibt ein Narr sein Leben lang,
Sagt Doktor Martin Luther.

*

Wer nicht liebt, Wein, Weib und Gesang,
Der bleibt ein Narr sein Leben lang.

Kommt, Brüder, trinket froh mit mir!
Seht, wie die Becher schäumen!
Bei vollen Gläsern wollen wir
Ein Stündchen schön verträumen.
Das Auge flammt, die Wange glüht,
In kühnen Tönen rauscht das Lied.
Schon wirkt der Götterwein.
Schenkt ein!

Doch was auch tief im Herzen wacht,
Das will ich jetzt begrüßen.
Dem Liebchen sei das Glas gebracht,
Der Einzigen, der Süßen!
Das höchste Glück für Menschenbrust,
Das ist der Liebe Götterlust;
Sie trägt euch himmelan.
Stoßt an!
Ein Herz, im Kampf und Streit bewährt
Bei strengem Schicksalswalten,
Ein freies Herz ist Goldes wert,
Das müßt ihr fest erhalten.
Vergänglich ist des Lebens Glück.
Drum pflück in jedem Augenblick
Euch einen frischen Strauß!
Trinkt aus!

Wein macht fröhlich

So oft der Becher mir erklingt,
Da schweigen mir die Sorgen.
Was soll mir mühevolle Pein,
Was kümmert mich das Morgen?
Der Tod ruft doch, will ich auch nicht,
Was hilft mir dann ein trüb Gesicht?
Nein, laßt uns alle trinken Wein,
Gott Bacchus' holde Gabe:
Mit unserm Becher tragen wir
Die Sorgen all zu Grabe.

*

Wasser macht weise, fröhlich der Wein,
Drum trinke beides, um beides zu sein.

*

Des Lebens Sonnenschein
Ist Trinken und fröhlich sein.

*

Lieblicher Rebensaft, köstlicher Wein,
Spender der Freude sollst du mir sein;
Bringst du der Jugend die Träume vom Glück,
Bringst du dem Alter die Jugend zurück.

*

Ein nüchterner Mann, ein armer Mann,
Ein König, wer singen und trinken kann.

*

Uns'res Daseins beste Würze
Liebe ist's, Gesang und Wein.
Wer nicht nützt des Daseins Kürze,
Muß als Mensch ein Esel sein!

Die Weise guter Zecher ist
In früh und später Stunde,
Da alter Wein im Becher ist
Und neuer Witz im Munde.

*

Alter Witz und neuer Wein
Lichten schnell der Zecher Reih'n.
Alter Wein und neuer Witz
binden fest sie an den Sitz.

*

Zu rechter Zeit ein guter Trunk
Macht froh das Herz bei alt und jung.

*

Willst verscheuchen du die Sorgen
Trinke heut, wart nicht auf morgen!

*

Im Winter trink ich und singe Lieder
Aus Freude, daß der Frühling nah ist.
Und kommt der Frühling, trink ich wieder
Aus Freude, daß er endlich da ist.

*

Wer jedes Wort auf die Goldwaage legt,
Wo der Wein den Kork von der Flasche fegt,
Der lasse ehrliche Leute in Ruh'
Und mache die Tür von draußen zu.

*

Wie wir nun zusammen sind,
Sind zusammen viele,
Wohl gelingen dann wie uns

Andern ihre Spiele!
Von der Quelle bis ans Meer
Mahlet manche Mühle,
Und das Wohl der ganzen Welt
Ist's, worauf ich ziele!

*

Wo in die Schale springt der Wein,
Wo kluge Saiten spielen rein,
Wo süße Küsse fallen drein,
Da kann man herzlich lustig sein.

*

Wein und Freundschaft

Wie schön ist es hinieden,
Wenn Brüder treu gesinnt,
In Einigkeit und Frieden
Beim Glas zusammen sind.

*

Trink einer auf die Herrn der Erde,
Bei denen alles Trinken schal,
Ich will mit freien Manns Gebärde
Trinken auf meiner Freunde Zahl.
Der Grämling mag zu Grabe hinken,
Der soviel Einsicht nicht gewann,
Da heiter man
Sich necken kann.
Das Glas zur Hand! Im Rund heran!
Freundschaft stoß an, nur um zu trinken.
Trinken vollen Zuges aus: Stoßt an!

Lob des Weines

Den Wein laß nimmer ich mir schelten,
Er ist ein wahrer Göttertrank.
Ja, böt' man mir auch ganze Welten
Und nähm den Wein mir, sagt ich Dank.
Genießen will ich Bacchus Gaben,
Solang das Leben mir noch blüht,
An ihm will ich das Herz mir laben
Und froh erhalten mein Gemüt.

*

Ich habe getrunken, nun trink ich erst gern.
Der Wein, der erhält uns, er macht uns zum Herrn
Und löset die sklavischen Zungen.
Ja, schonet nur nicht das erquickende Naß,
Denn schwindet der älteste Wein aus dem Faß,
So altern dagegen die Jungen.

*

Das ist des edlen Weines Kraft,
Daß er nur Reines, Feines schafft,
Frisch strömt das Blut, hoch fliegt der Mut,
Stark wird der Arm, das Herz wird warm.
Komm, gut' Gesell,
Freund Rebengold,
Du blinkst so hell,
Du winkst so hold,
Du sollst mir trefflich munden.
Das schönste Kind hier weit und breit,
Es trinkt mir zu in Fröhlichkeit,
Wer krank ist, muß gesunden.

*

Da streitet sich die Menschheit rum,
Ob Wein uns schädlich wär'.
Der Streit, der dünkt mich wahrlich dumm,

Ich lang' den Becher her
Und trink' die edle Gottesgab'
Ganz unverfälscht und echt.
Ich fühl', der diesen Wein uns gab,
Der meinte es nicht schlecht.
Drum fort mit dem Philistertum,
Ich spür' es stets aufs Neu:
Der Wein, er bringt Begeisterung,
Ist beste Arzenei!

*

Von allen Weinen in der Welt
Rheingauer mir am besten gefällt:
Er ist ein Biedermann, ein Held,
Der unterm blauen Himmelszelt
Hoch das Panier der Freude hält,
Sich nur den Frohen beigesellt
Und gegen alles in der Welt,
Was Leiden heißt, zieht frisch ins Feld.

*

Hoch leben die Reben, hoch lebe der Wein,
Schöner kann's Leben auf Erden nicht sein.

*

Wo man Wein trinkt, kannst du ruhig lachen,
Böse Menschen trinken schärf're Sachen.

*

Seligkeit und Liebe,
Treue, Mut und Kraft,
Alle edlen Triebe
Ruhn im Rebensaft.

Gesegnet soll der Trunk uns sein;
Das Wasser euch und mir der Wein.

*

Wie blinket er im Glase,
Wie glänzet er so hold;
Geschliffenem Topase
Vergleiche ich sein Gold.

*

Auf Hügeln, freudig und sonnig,
Da wächst er, der goldene Wein;
Drum ist er so froh und so wonnig,
Wie des Himmels Sonnenschein.

*

Wenn ich einmal der Herrgott wär',
Mein erstes wäre das:
Ich nähme meine Allmacht her
Und schüf' ein großes Faß!

*

Wenn sich der Most auch ganz absurd gebärdet,
Es gibt am Schluß ja doch noch Wein.

*

Alten Wein aus alten Krügen
Und ein Lied aus alter Zeit,
Lieb ich, ferne von den Lügen
Der modernen Herrlichkeit.

*

Aus der Traube in die Tonne,
Aus der Tonne in das Faß,
Aus dem Fasse dann, o Wonne,
In die Flasche, in das Glas.
Aus dem Glase in die Kehle,

Aus der Kehle in den Schlund,
Und als Blut dann in die Seele,
Und als Wort dann in den Mund.
Aus dem Worte etwas später
Formt sich ein begeistert Lied,
Das durch Wolken in den Äther
Mit der Menschheit Jubel zieht.
Und im nächsten Frühling wieder
Fallen diese Lieder fein
Dann als Tau auf Reben nieder —
Und sie werden wieder Wein!

*

Nun sei mir recht willkommen,
Du edler Rebensaft:
Ich hab gar wohl vernommen,
Du bringst mir süße Kraft.
Läßt mir den Mut nicht sinken
Und stärkst das Herze mein,
Drum wollen wir dich trinken.
Und dazu fröhlich sein.
Man sagt, im Monat Mai
Sei Wasser sehr gesund.
Ich glaub', bei meiner Treu,
Es spült doch nur den Mund.
Mir tut's den Magen heben,
Drum will mirs auch nicht ein.
Ich lob die edlen Reben,
die bringen uns den Wein!

*

Wer Wein gut trinkt, schläft gut.
Wer gut schläft, sündigt nicht.
Wer nicht sündigt, wird selig.
Also, wer gut Wein trinkt, wird selig!

Traube auf der Berge Kamm,
Über dir des Himmels Kerzen,
Edle Traube! wundersam
Gleichst du einem Dichterherzen.
Frei an deinem schwanken Holz
Willst du in der Sonne schweben,
Wie ein Dichterherz, das stolz
Muß in Licht und Freiheit leben.
Und zur Erde in der Nacht
Neigst du dich mit stillen Sinnen,
Hörst die alten Ströme sacht
Durch das Herz der Erde rinnen.
Saugst aus ihrem Schoße Blut,
Kraft und selige Gedanken,
Die dereinst wie Feuerflut
Durch das Haupt des Zechers schwanken.
Reifest wie ein Herz, das sich
Tief in alles Leben senket
Und in Nächten inniglich
Seiner eignen Wunder denket.
Aber bist du endlich stark,
Glüht in dir der Geist der Lieder —
Fühlst du schon den Herbst im Mark,
Deine Blätter rauschen nieder.
Ha! Wie strömt dein feurig Blut
In die singenden Pokale!
Also strömt des Herzens Flut
In des Liedes goldne Schale.
Und wenn nun dein Zauberquell
Blinket im kristallnen Becher,
Klingt das Lied des Dichters hell
In dem Kreis der frohen Zecher.

*

Viel Essen macht viel breiter
Und hilft zum Himmel nicht,
Es kracht die Himmelsleiter,

kommt so ein schwerer Wicht.
Das Trinken ist gescheiter,
Das schmeckt schon nach Idee,
Da braucht man keine Leiter,
Das geht gleich in die Höh!

*

Wenn einst der jüngste Tag anbricht,
Hält Hafis neben Gottes Thron Gericht,
Und seine weinbelegte Stimme spricht:
„Ihr, die ihr trunken taumelt durchs Leben,
Dem Lächeln und dem Frühling hingegeben,
An Mädchenlippen saugtet wie an Reben,
Ihr, die ihr Brüder wart von Stern und Stier,
Besessen von des Falters Sonnengier:
Ihr heilig Trunkenen, zur Rechten mir!
Doch ihr, die ihr mit eurem Herzen kargtet,
Die ihr das Leben in die Toten sargtet,
Die ihr des Herbstes braune Blätter karktet,
Ihr, denen nie die schönen Huris sangen,
Die ihr am Leben wie am Strick gehangen,
Die ihr im Kerker eures Hirns gefangen:
Die ihr im Bund mit Schweinezüchtern.
Denn ihr lastertet geheim, ihr Schüchternen!
Zur Linken mir, ihr teuflisch Nüchternen!"

*

Golden fließt der Saft der Reben
Aus der Flasche in das Glas.
Kann es etwas Schön'res geben?
Nun, wenn ja, dann wünscht euch das!

Wein macht weise

Wieviel Kerne sind der Weinbeer' zugemessen?
Fünf wohl ruhn darin, und dieses ist ihr Sinn:
Freude, Schönheit, Wahrheit, Weisheit und Vergessen.

Trink nie gedankenlos
Und nie gefühllos trinke!
Mach dich nicht allzugroß
Und nie zu tief versinke!
Wenn vor dir goldnen Scheines
Ein voller Humpen blinkt,
Der ist nicht wert des Weines,
Der ihn wie Wasser trinkt.

*

Es liegt im Wein die Kraft
Des Schaffens, der Zerstörung;
Zur Quelle wird sein Saft
Der Weisheit wie Betörung —
Doch, ob er diesem Reines
Und jenem Trübes bringt,
Der ist nicht wert des Weines,
Der ihn wie Wasser trinkt.

*

Im Wasser kannst du dein Antlitz seh‘n,
Im Wein des andern Herz erspäh‘n.

*

Wo käme denn der Wein all her,
Wenn jedermann Weinkenner wär?
Drum mög‘ ein edles Glas dich lehren,
Die Dummen niemals zu bekehren.

*

Wahrheit steckt in dir, o Wein!
Wie sollt‘ der zu schimpfen sein,
Der, die Wahrheit zu ergründen,
Sich beim Glase oft läßt finden?

Was man nüchtern hat bedacht,
Soll beim Wein man überdenken;
Gedanken, die der Wein entfacht,
soll man ins Brunnenwasser henken.

*

Greift zum Becher und laßt das Schelten!
Die Welt ist blind . . .
Sie fragt, was die Menschen gelten,
Nicht, was sie sind.
Uns aber laßt zechen . . . und krönen
Mit Laubgewind
Die Stirnen, die noch dem Schönen
Ergeben sind!
Und bei den Posaunenstößen,
Die eitel Wind,
Laßt uns lachen über Größen,
die keine sind.

*

Wein und Lebensalter

Das Trinken lernt der Mensch zuerst,
Und später erst das Essen;
Drum soll er auch als guter Christ
Das Trinken nicht vergessen.

*

Mit Trinken fängt das Leben an,
Was jung gewohnt, sei alt getan.
Ihr Alten trinkt,
Euch jung und froh zu trinken,

Drum mag der junge Wein
Für euch, ihr Alten, sein.
Der Jüngling trinkt,
Sich alt und klug zu trinken,
Drum mag der alte Wein
Für euch, den Jüngling, sein.

*

Heil euch, so ihr an Bacchus glaubt,
Er macht mit seinen Gaben
Den Jüngling zum bemoosten Haupt,
Den Greis zum frohen Knaben.

*

Trink Wein und erwirb,
Trink Wasser und stirb;
Besser Wein getrunken und erworben,
Als Wasser getrunken und gestorben.

Nicht alles nenn ich eitel:
Du irrest, Salomo!
Bleibt doch dem Greise selbst
Noch immer Wein und Beutel.

*

Ob ich morgen leben werde,
Weiß ich freilich nicht:
Aber, wenn ich morgen lebe,
Daß ich morgen trinken werde,
Weiß ich ganz gewiß.

*

Wenn die Kinder essen Brot,
Werden ihre Wangen rot;
Wenn die Alten trinken Wein,
Pflegt die Nase rot zu sein.

*

Warum trinkt der Mensch

Man kann, wenn wir es überlegen,
Wein trinken, fünf Ursachen wegen:
Erstens: um eines Festtages willen,
Zweitens: um den Durst zu stillen,
Drittens: künftigen abzuwehren,
Viertens: dem guten Wein zu Ehren,
Fünftens: um jeder Ursach' willen.

Manche trinken, weil der Hunger,
Manche, weil der Durst sie plagt.
Manche trinken zur Gesundheit,
Weil es Doktor B. gesagt.
Mancher trinkt vor großer Hitze,
Mancher, weil es gar zu kalt.
Mancher Junge trinkt zur Stärkung,
Mancher Greis, weil er zu alt.
Mancher trinkt, sich wach zu halten,
Mancher kurz vor Schlafenszeit,
Sein Gewissen zu betäuben,
Mancher nur aus Traurigkeit.
Mancher will sich Zahlen träumen,
Mancher, weil die Miete fehlt,
Mancher, weil die Kinder schreien,
Mancher, weil die Frau ihn quält.
Mancher trinkt, weil er gewonnen,
Mancher, weil er Geld verzecht,
Mancher trinkt aus lauter Jubel,
Mancher, geht's ihm mal nicht recht.
Mancher trinkt der Arbeit wegen,
Mancher gar beim Kartenspiel;
Mancher trinkt nach Feierabend,
Mancher schon am Tag zuviel.
Manche trinken, weil's nichts kostet,
Mancher, weil die Uhr versetzt,
Mancher, weil die Wirte borgen,
Mancher, weil sein Rock zerfetzt.
Mancher trinkt aus Langeweile,
Mancher, weil der Kohl zu fett,
Mancher, weil der Wirt so lustig
Und die Kellnerin so nett.
Manche trinken vor dem Handel,
Manche, wenn der Kauf getan;
Mancher trinkt sich bloß Courage,
Daß er besser trinken kann.
Mancher trinkt, weil er muß wandern,

Mancher, weil er hier noch bleibt;
Mancher schon des Regens wegen,
Mancher, weil es furchtbar stäubt.
Mancher trinkt bei Feuersgefahren,
Mancher, weil das Wasser hoch,
Manche trinken vor der Hochzeit,
Manche aber nachher noch.
Mancher, weil er um sein Mädchen
Lange sich umsonst bewarb,
Mancher, weil ein Kind geboren,
Mancher, weil die Frau ihm starb.
Mancher trinkt schon vor der Losung,
Mancher erst, wenn sie vorbei,
Aber dann, am Hut die Nummer,
Meint er, steht ihm alles frei.
Alle trinken, weil sie müssen,
Doch hier trifft das Sprichwort ein:
„Gern getanzt, ist leicht gefiedelt".
Mög' es keiner je bereu'n.

*

Durst, Wein und die Folgen

Der liebe Gott hat nicht gewollt,
daß edler Wein verderben sollt;
Drum hat er uns nicht nur die Reben,
Nein, auch den nöt'gen Durst gegeben.

*

Ob in Krügen, ob in Tassen
Ihr den Wein mir bringt herbei,
Wenn sie nur recht reichlich fassen,
Das Gefäß ist einerlei. —
Sollte es an allem fehlen,
Wär kein Becher, Krug noch Glas,
Würde ich mich auch nicht quälen,
Tränk direkt ich aus dem Faß.

Wirft uns der Wein auch nieder,
Wir trinken morgen wieder.

*

Ein edler Freund der Menschen ist der Wein,
Wenn sie ihn würdig auch als Freund behandeln;
Doch achten sie wie Wasser ihn gemein,
Wird er sich flugs in ihren Feind verwandeln.

*

Man spricht vom vielen Trinken stets,
Doch nie vom vielen Durste.

*

Des Durstes Brennen, ach,
Wie Feuer ist's zu spüren;
Wenn man nicht löschen tät,
Ein Unglück könnt passieren.

*

Wie groß sind doch die Berge,
die schenken uns den Wein;
Und wie sind doch die Gläser
So ganz entsetzlich klein.

*

Wer niemals einen Rausch gehabt,
Der ist kein braver Mann.

*

Siehst du Wein im Glase blinken,
Lerne von mir deine Pflicht:
Trinken kannst du,
Du kannst trinken,
Doch betrinke dich nur nicht.

Verflucht sei Satans Niedertracht,
Denn allzeit Böses tat er.
Der Herrgott hat den Wein gemacht,
Der Teufel schuf den Kater.

*

Ein trunkner Dichter leerte
Sein Glas auf jeden Zug;
Ihn warnte sein Gefährte:
„Hör auf! Du hast genug!“
Bereit vom Stuhl zu sinken,
Sprach der: „Du bist nicht klug;
Zuviel kann man wohl trinken,
Doch nie trinkt man genug.“

*

Der Wein ist unser noch,
Wenn ihn das Faß umschließt.
Sein aber sind wir dann,
Wenn ihn der Mund genießt.

*

Ich habe mich fest entschlossen
Nimmer zu trinken Wein;
Und spielt mir der Durst keine Possen,
So soll es gehalten sein.

Ein gerader Mensch
scheut nicht die freundschaftlichen Geschwätze,
die aus dem Rausche hervorgehen.

*

ZU BESONDEREN ANLÄSSEN

Geburt und Taufe

Zwei Dinge geben diesem Tag
Sein festliches Gepräge.
Ganz gleich, was immer kommen mag,
Zwei Dinge nur erstrebe:
Verschreibe dich zu jeder Stund'
Willig deinem Leben,
Und schließe niemals deinen Mund
Vor dem Saft der Reben.

Leben, Reben, Sein und Wein,
Wie sich die Worte seltsam reimen;
Und schaut man tief in sie hinein,
So spürt man, wie sie sich vereinen:
Wer's Leben liebt, liebt auch die Reben,

Wie könnt' es anders jemals sein?
Was Reben einem Menschen geben,
Ist letztlich keineswegs nur Wein.
Es ist das Wissen um die Freude,
Weisheit ist es, Liebe, Dank.
Wie mancher wohl es schon bereute,
Daß er ein Glas zu wenig trank.
Drum laßt die Gläser uns erheben,
Auf das Leben, auf den Wein.
Möge dir der Saft der Reben
Ein fröhlicher Begleiter sein.
Wir wünschen, daß die gold'ne Sonne
Dir in jedem Glase scheint,
Und daß sich, Gipfel aller Wonne,
Dein Leben stets auf Reben reimt.

*

Mit Trinken fängt das Leben an,
Mit Trinken geht es weiter;
Drum hebt das Glas, stoßt alle an,
Und nehmt das Leben heiter.
Was hier noch in den Windeln liegt,
Trinkt heute schon mit Freuden;
Wer weiß, wie man den Durst besiegt,
Der sollte dabei bleiben.
Der sollt' sein ganzes Leben lang
Beim Weine stets vergessen,
Und sich mit Freude und Gesang
An andern Zechern messen.
Der sollte, und wir wünschen das
Für alle deine Stunden,
Die Liebe zu dem edlen Naß
Mit frohem Mund bekunden.
Wir trinken dieses Glas voll Wein
Auf dich und auf dein Leben.
Mög es nur immer fröhlich sein,
Und mög es Glück dir geben.

Wer Leben gibt, gibt auch den Wein,
Wer dich geschaffen, schafft die Reben.
Drum achte immer ganz allein
Nur den, der beides dir gegeben.

*

Du kleiner Mensch, ganz ohne Ahnung,
Was Leben heißt und Leben ist,
Du bist uns eine ernste Mahnung,
Weil du der Reinheit Sinnbild bist.
Rein, wie der alte, gute Wein,
Den keines Menschen Hand verdarb,
Der sich im reinen Sonnenschein,
Den hellen, gold'nen Glanz erwarb.
Das Glas mit Sonnensaft der Reben,
Gefüllt bis hin zum hohen Rand,
Sei ein Symbol stets für dein Leben.
Dein Schicksal mag dir Fülle geben,
Es mag dich stets so hoch erheben,
Wie dieses Glas in unsrer Hand.

*

Das Trinken lernt der Mensch zuerst,
Und später erst das Essen;
Drum soll er auch als guter Christ
Das Trinken nicht vergessen.

*

Geburt, du Anfang allen Lebens,
Du erster Schritt in diese Welt,
Du erste Ahnung des Erlebens,
Durch falsches Wissen nicht entstellt.
Geburt, Beginn ist sie und Ende,
Wie aller Anfang Ende ist.
Noch halten liebend starke Hände

Fern den Hader und den Twist.
Doch einmal wird die Stunde kommen,
Wo Sorg' und Not den Tag regier'n.
Dann sollte man, still und besonnen,
Ein altes Hausrezept probier'n.
Schütt' in ein Gläschen Wein die Sorgen,
Den Kummer tu' auch mit darein;
Und du wirst sehen, daß schon morgen
Die Welt erstrahlt im Sonnenschein.
Drum wollen wir dies Glas hier leeren
Auf dich und auf das Hausrezept.
Vergiß es nie, halt' es in Ehren,
Weil sich's dabei viel besser lebt.

*

Konfirmation und Kommunion

Wir sprechen gern zu Deinem Feste
Von Herzen unsern Glückwunsch aus.
Gott schenke dir das Allerbeste
Aus seiner Gaben Frühlingsstrauß.

Dir soll die Zukunft Blüten tragen,
In allen Farben leuchtend schön.
Viel Freude soll an allen Tagen
Hell über deinem Leben stehn.
Nicht immer wird die Sonne scheinen,
Oft stellt sich auch ein Regen ein.
Doch glänzt, wenn beide sich vereinen,
Des Regenbogens Friedensschein.
Und ist die Kindheit nun vorüber,
So bleibt ein Schimmer stets zurück.
Gewinn das Leben immer lieber
Und glaube hoffend an dein Glück.
So laßt die Gläser uns herheben,
Stoßt an, daß es gelingen mag,
Dein ganzes Leben zu erleben
Wie diesen schönen Freudentag.

*

Dieses Glas in unsrer Hand
Führ'n wir jetzt zum Munde,
Und wünschen dir hier allesamt
Viel Glück zu jeder Stunde.
Gott schütze dich! Zufriedenheit
Mag dir die Zukunft geben.
Schau mutig vorwärts, nie zurück —
Dann meisterst du dein Leben!

*

Glockenklang und Feierstunde
Krönten diesen schönen Tag,
Der in festlich-froher Runde
Unvergessen bleiben mag.
Doch die Stunden, sie verwehen,
Wenn man sie auch halten will.
Schöne Tage, sie vergehen,

Denn die Zeit, sie steht nicht still.
Sie verrinnt, wie alles eben
Hier auf dieser Welt verweht.
Die Zeit bestimmt das ganze Leben,
Sie entscheidet, was vergeht.
Die Zeit ist kostbar. Nutze sie
Und denk' daran, daß sie nicht steht.
Dann sagt das Schicksal dir auch nie:
Mein Freund, vorbei, es ist zu spät!
Zu spät ist's selten, nie zu früh,
Um frohen Mut's das Glas zu heben.
Wir raten dir: verzichte nie
Auf das, was schön in unserm Leben.

*

Mut gehört auf dieser Welt
Zu dem ernsten Streben.
Wer sich immer tapfer hält,
Zwingt das ganze Leben!
Nach der Jugend Sturm und Drang
Werden gute Lehren
Sich in deinem Werdegang
Durch die Tat bewähren.
Ganz am Anfang steht die Tat,
Und tätig sollst du leben.
Hoch, wer was im Glase hat:
Auf dich und auf die Reben!

*

Nimm es hin,
Will das Glück nach seinem Sinn
Dir was Gutes schenken,
Sage Dank und nimm es hin
Ohne viel Bedenken.
Jede Gabe sei begrüßt,

Doch vor allen Dingen
Das, worum du dich bemühst,
Möge dir gelingen.

✳

Willst du dir ein hübsch Leben zimmern,
Mußt ums Vergang'ne dich nicht kümmern,
Und wäre dir auch was verloren,
Mußt immer tun wie neu geboren;
Was jeder Tag will, sollst du fragen,
Was jeder Tag will, wird er sagen;
Mußt dich an eignem Tun ergötzen,
Was and're tun, das wirst du schätzen;
Besonders keinen Menschen hassen,
Und das übrige Gott überlassen.

✳

Glaube stets an das Leben.
Liebe, was dir gegeben.
Kommt dazu frohes Hoffen,
Steht das Leben dir offen!

✳

Zu diesem Tage Glück und Segen
Auf allen deinen Lebenswegen!
Wir heben's Glas auf deinem Feste
Und wünschen dir das Allerbeste.

✳

Verlobung

Liebes Brautpaar, liebe Gäste!
Zu dem allerschönsten Feste
In des Lebens jungem Mai

Eilten alle wir herbei.
Wünschen nur das Allerbeste
Unserm lieben, guten Paar.
Möge heut wie immerdar
Treue Liebe euch vereinen
Und des Glückes Sonne scheinen.
Darauf einen vollen Schluck,
Nein, das wäre nicht genug —
Leert das Glas in einem Zug!

*

Wir alle wünschen euch, ihr Lieben,
Nie soll eine Wolke trüben
Euer junges, großes Glück.
Ich denke selbst noch gern zurück
An jene längst vergang'nen Zeiten,
Da wir „Alten" froh uns freiten.
Was wir damals uns versprochen,
Haben niemals wir gebrochen.
Glücklich sind wir immer noch.
Wenn wir so im Kreise schauen,

Seh'n wir uns're lieben Frauen,
Wie sehr lieben wir sie doch!
Uns're Frauen leben hoch!

*

Nun lasset die Messer und Gabeln mal ruhn,
Ihr Brüderchen „Ergo bibamus",
Und stimmt eure Kehlen zu löblichem Tun,
Singt fröhlich ein „Ergo bibamus".
Am Tische sitzt ein verlobtes Paar,
Das rüstet zur Hochzeit im nächsten Jahr,
Drum prosit, ihr Lieben, bibamus!

*

Hochzeit

Freunde, Freunde, seid nicht bang,
Laßt die Gläser füllen,
Ganz bestimmt sprech' ich nicht lang,
Will den Durst nur stillen.
Wünschen bei dem Saft der Reben
Unserm Paar ein fröhlich Leben,
Mög' ihm heller Sonnenschein
Immerdar beschieden sein.

*

Stimmt an mit hellem, hohem Klang,
Laßt alle Gläser klingen,
Dem jungen Paare wollen wir
ein „Vivat Hoch" jetzt bringen.
Stoßt an, stoßt an das erste Glas
Weihen wir dem jungen Paare.
Wir wünschen Glück und Segen ihm
für viele, viele Jahre.
Wem bringen wir das zweite Glas?

Den Eltern woll'n wir's weihen!
Laßt uns in Lieb' und Treue heut
Den alten Bund erneuern.
Beim dritten Glas fürs junge Paar
Viel Freude wir erflehen,
Und daß nach fünfundzwanzig Jahr'
Wir froh uns wiedersehen.
Drum, Brüderlein und Schwesterlein,
Laßt uns die Gläser heben,
Und stimmet alle froh mit ein:
Das junge Paar soll leben!

*

Es ist der Eltern ganzes Sein
und glücklichstes Empfinden,
Wenn sie der Jugend Sonnenschein
Im Kinde wiederfinden.
Dann wird auch die Erinn'rung laut
Von längst verblichnem Glanze,
Wie einst die Mutter strahlt die Braut,
Geschmückt im Myrtenkranze.
Und wie die Kinder früh und spät
Von ihnen Gutes lernten,
Drum sollen sie, was sie gesät,
Am Hochzeitstage ernten.
So feiern wir das Hochzeitsfest
Als schönstes aller Feste,
Drum leert die Gläser bis zum Rest
Als frohe Hochzeitsgäste!

*

Junges Paar, in Lieb' verbunden,
Reichte heute sich die Hand,
Denkt beglückt der schönen Stunden,

Da sich Herz zu Herzen fand.
Freude lacht auf euren Wegen,
Frohsinn herrscht in unsrer Rund',
Das bedeutet reichen Segen
für den nun geschloss'nen Bund.
Wenn nach fünfundzwanzig Jahren
Euer Bund sich treu bewährt,
Mit dem Silberkranz im Haare
Werdet ihr aufs neu' geehrt.
Laßt uns nun die Gläser heben
Auf das junge Eh'standsglück:
Vivat hoch sollt beid' ihr leben,
Und denkt froh an heut zurück!

*

Silberhochzeit

Laßt die Gläser uns erheben,
Stoßet an auf Glück und Heil!
Noch ein langes, schönes Leben

Werde unserm Paar zuteil.
Darum ruft die Gästeschar:
Vivat hoch das Jubelpaar!
Fünfundzwanzig lange Jahre
Gingen friedvoll-froh ins Land,
Seit ihr einst am Traualtare
Reichtet innig euch die Hand.
Seht euch um in diesem Kreise,
Treue Freunde wünschen Glück
Für die weit're Erdenreise.
Niemals möge Leid betrüben
Euch und alle, die euch lieben!
Laßt die Gläser uns erheben
Auf ein künft'ges frohes Leben!
Es ruft die ganze Gästeschar:
Hoch lebe unser Jubelpaar!

*

Fünfzig Jahre Zweisamkeit
Wurden euch beschieden.
Jahre der Geborgenheit,
Jahre voller Frieden.
Zu dem selt'nen Ehrenfeste,
Dessen wir uns heute freuen,
Wünsch ich euch das Allerbeste!
Mög Gott fortan mit treuen
Guten Händen sanft euch leiten,
Mögt ihr sich'ren Fußes schreiten
Auf den Wegen, die hinieden
Euch noch lange sei'n beschieden.
Darauf Freunde, stimmet ein,
Soll dies Glas getrunken sein!

Goldene Hochzeit

Golden der Brautkranz,
Golden der Wein!
Golden der Festfreude heller Schein!
Stimmt in den Ausruf mit mir ein:
Golden soll auch die Zukunft sein!
Über dem guten Trinken und Essen
Laßt uns das Wichtigste nicht vergessen!
Unsere Wünsche dem Paar darzubringen,
Laßt uns're Gläser zusammenklingen
Mag die Zeit auch ruhelos eilen —
Wir wollen heute in Rückschau verweilen.

Achtzehntausendzweihundertfünfzig Tage
Brachten viel Glück und manche Plage.
Hell, wie die Gläser zusammenklingen,
Soll alles sein, was die Zukunft wird bringen!

Trinkspruch an:

die Freunde

In guten wie in bösen Tagen
Steh'n wir fest, woll'n nicht verzagen,
Weil wir Freunde treu besitzen,
Die uns helfen, die uns stützen.
Danken drum der Freundschaft treu,
Der dies Glas gewidmet sei.

*

die Frauen

Niemand ehrt die Frau'n vergebens,
Denn sie weben mit Feenhand
In den grauen Teppich des Lebens
Manch ein buntes, leuchtendes Band.
In ihrem heiter beschwingten Reiche
Herrscht immer lichte Frühlingszeit.
Dem Wunsche, daß nie von uns weiche
Ihr stiller Zauber, sei dies Glas geweiht.

*

die Hausfrau

Wir wandern durch das Leben ab und auf,
Nur selten rastet der Fuß.
Heut klangen die festlichen Glocken auf
Im vielstimmigen Sonntagsgruß.
Ihr batet uns herbeizueilen,
Um friedvoll und fröhlich hier zu verweilen.
Auf das Wohl der Hausfrau trinkt alle mit mir.
Ich weiß, ihr tut gern mir Bescheid!
Was wir heute genießen, verdanken wir ihr,
Ihrer Güte und Gastfreundlichkeit!

den Wein

Golden fließt der Saft der Reben
Aus der Flasche in das Glas.
Kann es etwas Schön'res geben,
Als das festlich edle Naß?
Wein ist ein Symbol der Freude,
Leert das Glas in vollem Zug.

Würden Sie sich bitte eintragen?

DAS GÄSTEBUCH

Im „Kuhstall", dem berühmten Ausflugsziel der Sächsischen Schweiz, hatten sich ein paar poetisch angehauchte Naturschwärmer im Gästebuch folgendermaßen verewigt:

Ich hab ihn gesehn,
Ich hab ihn gesehn,
Ich habe den herrlichen Kuhstall gesehn.

Darunter schrieb der nächste Besucher, unbeschwert von jedem Gefühl der Romantik:

Wir haben's gelesen,
Wir haben's gelesen,
Ein Ochse ist in dem Kuhstall gewesen.

In der Tat, es darf gelacht werden.

Aber ist das Gästebuch wirklich immer ein Anlaß zu unbeschwertem Vergnügen?

Da sitzt man fröhlich zusammen und plötzlich kommt die Hausfrau mit dem Gästebuch unter dem Arm: „Bitte, würden Sie sich noch rasch im Gästebuch verewigen?"

Und in den Augen der Gastgeberin steht die Erwartung heiterprofunder Gedanken.

Der arglose Gast zuckt zusammen. Auch das noch.

Aber selbstverständlich erklärt er sich „mit dem größten Vergnügen" bereit. Dann blättert er die beschriebenen Seiten durch, erweckt den Eindruck konzentrierter Heiterkeit oder heiterer Konzentration und hat in Wirklichkeit nur einen Gedanken: „Was schreibe ich bloß hinein?"

Zeit gewinnen!

Ist das Gästebuch schon mit Eintragungen überhäuft, so mag es ja noch angehen: man kann aus den Ergüssen der Vorgänger zur Not etwas lernen.

Schwierig, wenn nicht ganz und gar hoffnungslos wird es, wenn das Gästebuch fast neu oder — o Schreck — noch völlig unberührt ist.

Da kann es passieren, daß von zündender Idee, deren Brillanz unseren Witz der erstaunten Nachwelt erhalten könnte, keine Spur zu entdecken ist. Kurzschluß — trotz der zahlreichen Bonmots, die uns während der vergangenen Stunden einfielen. Seite für Seite wird umgeblättert, der Denkapparat läuft auf Hochtouren.

Krampfhaft sucht man nach einigen geistreichen Worten, man versucht einen Zweizeiler zu reimen, einen guten Witz zu verewigen,

doch leider, leider — trotz geistiger Getränke — läßt einem die Phantasie im Stich.

Man blättert weiter.

Und da kommt einem die Idee: alle bisher gelesenen Ergüsse laufen so ziemlich auf dasselbe hinaus, nämlich: Herzlichen Dank für Speise und Trank, für die schönen, erholsamen Stunden, die erwiesene Gastfreundschaft usw.

Warum also unbedingt aus dem Rahmen fallen?

Nach neunundneunzig solcher Wendungen beginnt der nun hundertste Gast originell zu werden. Er schreibt: „Ein zauberhafter Abend! Mit herzlichem Dank . . .“

Etwas dünn, nicht wahr?

Also bitte etwas mehr Mühe!

Man dichtet, schreibt den Entwurf heimlich auf eine Papierserviette oder auf einen Zeitungsrand ins Unreine, denn das Gästebuch durch Ausstreichen oder auffällige Korrekturen zu verunzieren, wäre schlimmer, als nur den Namen und das Datum einzutragen (übrigens durchaus eine Möglichkeit, wenn der Denkapparat plötzlich zum Stillstand kommt).

Alles in allem, dieses Gästebuchopfer kommt sich sehr unglücklich und bemitleidenswert vor. Er atmet erst erleichtert auf, wenn der Gastgeber das Produkt seiner dichterischen Schwerarbeit mit einem „Nein, wie reizend“ anerkennt und er dagegen scheinheilig versichert: „O, bitte, es war mir ein Vergnügen!“

Da nun jeder Gast auch einmal Gastgeber ist, fällt es ihm sicher nicht schwer, für das Ansinnen, sich „verewigen“ zu sollen, Verständnis aufzubringen. Er wird am ehesten zu seinem Ziel kommen, wenn er das Gästebuch zwar unübersehbar, aber unaufdringlich bereitlegt. Unweigerlich beginnt der eine oder andere, darin zu blättern und wird zur Nachahmung oder zu Widerspruch angeregt.

Ein Gästebuch wäre unvollständig, würde es nicht von einer Art kurzen Ansprache des Hausherrn an seine späteren Gäste eingeleitet, etwa:

„Iß, trink, sei fröhlich hier auf Erd,
Denk nur nicht, daß es besser werd!“

Wem dieser alte Spruch nicht gefällt, zitiert vielleicht den Prinz Orlofsky aus Johann Strauß' „Fledermaus“:

„Ich lade gern mir Gäste ein,
Man lebt bei mir recht fein,
Man unterhält sich wie man mag,
Oft bis zum hellen Tag.“

Oder, in kleiner Abwandlung jener berühmten Strophe aus Goethes „Tischlied“:

„Tages Arbeit — abends Gäste,
Saure Woche — Frohe Feste
Sei mein künftig Zauberwort.“

Dadurch werden vor allem die verständlichen Hemmungen derer gelockert, die sich als erste in ein noch blütenreines Gästebuch eintragen sollen und sich dieser verantwortungsvollen, gewissermaßen „tonangebenden“ Aufgabe nicht gewachsen fühlen.

Eines ist klar: das Gästebuch ist eine mitunter sehr aufregende Geschichte, aber wie jede Geschichte hat sie auch eine Moral. Wer eingeladen ist, rechne nicht nur mit Gästen, sondern auch mit einem Gästebuch. Und bereite sie ein bißchen darauf vor. Es ist nicht verboten, solchermaßen Vorbereitetes mit lässiger Miene als aus dem Ärmel geschüttelt zu verkaufen . . .

Wie so oft im Leben, macht es sich auch hier gut, wenn man unter dem Schutz und hinter dem Schild großer Namen zum Angriff übergeht. Gewiß, es muß nicht sein. Wer selbst in der Lage ist, nette Verse „zu schmieden“ und mit ihnen sogar möglicherweise noch etwas zu sagen, der wird immer König sein. Allerdings ist es immer gefährlich, allzu originell und witzig sein zu wollen. Es geht leicht schief.

Und trotzdem: Gästebücher sollten, bei aller Mühe, die man sich für eine gute Eintragung auch geben mag, am besten nicht allzu ernst genommen werden. Und je „leichtsinniger“ man an sie herangeht, um so „tiefsinniger“ wird nicht selten das Resultat, es kommt wie so oft im Leben, auch hier auf die richtige Mischung zwischen Heiterkeit und Ernst an.

Gästebuchverse

Was wären Feste ohne Gäste?
Was wär' ein Abend ohne Wein?
Was wär' das Gute, sollt' das Beste
Nicht besser als das Gute sein?
Was wären diese leeren Seiten
Ganz ohne die Poeterei?
Was wären diese schönen Zeiten,
Wenn wir nicht zufällig dabei?
Doch daß wir sie erleben können,
So richtig, mein' ich, ganz und gar,
Das ist, wie sollt' man's anders nennen,
Das ist ganz einfach wunderbar.
Das nähert sich der Poesie,
Das reimt sich ganz von selbst auf ‚Dichten'.
Dann bleibt mir nur noch, hier an Sie
Ein freundlich Wort des Dank's zu richten.

*

Fünf Worte sollen hier nur steh'n:
Es hat gefallen! — Danke schön!

*

Dank denen nun, die heut gegeben,
Von denen, die es angenommen.
Ich hoffe sehr, daß wir im Leben
Noch öfter hier zusammenkommen.

*

Denn es steht geschrieben:
Sechs oder sieben:
Sollen nicht harren

Auf einen Narren,
Sondern essen
Und den Narren vergessen!

(Aus dem Lalebuch 1597)

✳

Es ist halt schön,
Wenn wir die Freunde kommen sehn.
Schön ist es ferner, wenn sie bleiben
Und sich mit uns die Zeit vertreiben.
Doch wenn sie schließlich wieder gehn,
Ist's auch recht schön.

(Wilhelm Busch)

✳

Korf hält eine Mittagszeitung,
Welche, wenn man sie gelesen hat,
Ist man satt.
Ganz ohne Zubereitung
Irgend einer andern Speise.
Jeder auch nur etwas Weise
Hält das Blatt.

(Christian Morgenstern)

✳

So vor ein Stammbuch hingezerrt
Bringt oft Verdruß.
Man fühlt sich auf's Klosett gesperrt,
Obwohl man gar nicht muß.

(Ringelnatz)

✳

Erwarte nichts.
Heute: das ist dein Leben.

(Tucholsky)

Zu Ende geht nun Sang und Schmaus.
Nur trinkt mir alle Neigen aus;
Die letzte muß heraus!

(Goethe)

*

Den meisten Menschen
Sollte man in ihr Wappen schreiben:
Wann eigentlich, wenn nicht jetzt?

(Tucholsky)

*

Nie Mangel des Gefühls
Und nie Gefühl des Mangels!

(Goethe)

*

O selig, wer sein Mädchen hat,
O selig lebt der Mann!
Drum greife jeder rasch zur Tat
Und schaffe sich eins an!

(G. A. Bürger)

*

Schaff mich nicht ab.
Wenn auch der Durst gelöscht
Der holde Trunk,
Behalt mich noch
Ein Weilchen hier,
Dann hab' auch ich genug.

(nach Heinrich Heine)

Man fülle guten, alten Whisky in eine nicht zu flache Suppenterrine, rühre gut um und genieße das erfrischende Getränk, soweit angängig, nüchtern. Ein Zusatz von Mineralwasser empfiehlt sich nicht, da selbe oft künstliche Kohlensäure enthalten, daher gesundheitsschädlich sind.

(Tucholsky: Aus meinem Privatkochbuch)

*

Himmlisch war's,
Wenn ich bezwang
Meine sündige Begier.
Doch, wenn es mir nicht gelang,
Hatt' ich auch noch mein Plaisir.

(Heinrich Heine)

*

Der Gast sei wie ein rohes Ei
Behandelt und geliebt.
Man fülle ihn mit allerlei

Vom Besten, das es gibt.
Sechs Austern und Limonensaft,
Vier Takte Mozart drauf,
Ein Sherry, trocken. Fabelhaft!
Ein Setzei obenauf
Mit Kechup, Sahne. — Beaujolais —
Doch vorher consommé tortue,
Und nach dem Käse erst caffée.
Kein großes Festmenue.
Just so, was grad' im Hause war
Für eine Stippvisit.
Ein Sljivovic noch, wunderbar!
Und dazu chesse-bisquit.
Ein bißchen zarte Hausmusik,
Ein schöner Druck „Cezanne",
Ein würz'ger Tabakrauch, er flieg'
Gespräch und Witz voran.
Hat dann der Gast nach seiner Wahl
Den letzten Schluck genommen,
Sei ihm gewünscht für's nächste Mal
Das herzlichste Willkommen!

*

Man sagt, an solchen Tagen sei es Pflicht,
Sich selber einen Spiegel vorzuhalten;
Ich bring' ihn dir; verschmäh' dies Blümchen nicht,
Es soll dir deinen eignen Wert entfalten.

(E. Mörike)

*

Dies Haus war das Schlaraffenland,
Der Faulste war der König.
Er nahm zu fressen, was er fand,
Und doch war's ihm zu wönig.
Der Flaschen, Gläser rauhe Zahl,

Ein Anblick war's, zu schön!
Er trank gleich alles auf einmal,
Und Bacchus hat's gesöhn.
Zu rauchen und Musik. Sodann
An der Matratze horchen.
Und voll Genuß, ein voller Mann,
Hört man ihn weithin schnorchen.
Mit Dankgefühl in der Brust
Ein neues Fest ersehn' ich.
Es ist schon wahr, Ihr habt gewußt:
Ich war es ja, der Kenig!

*

Herz zeigen ist noch immer die beste Art,
sein Niveau zu beweisen.

(Archard)

Was soll ich reimen viel und sagen,
Bevor ich hab' einen vollen Magen.

(Aus dem Lalebuch 1597)

*

Bei Euch zu Gast,
Welch Wonne!
Hier scheinet schier die Sonne.
Hier ist gut Rast,
Gut Braten, Bier
Es war fast eine Tonne.

(1786)

*

Dies war ein Abend,
reizend, voller Freude,
um den ich eure Nachbarn nicht beneide.

Du lieber Gast,
Nimm wenn du hast,
Mut und Humor.
Wir hab'n was vor!

(Glasbrenner)

*

Auch schlecht gereimt kommt von Herzen.

*

Ich flehte nicht vergebens
Ums höchste Gut des Lebens,
Ums Freundschaftsglück für mich;
Der Himmel gab mir Dich.

(Herrmann)

*

Willst du das Paradies auf Erden,
Mußt du in diesem Hause Stammgast werden!

*

Wenn eener een Jast hat,
Soll er froh sint, detter
mit ihm die Langweile
jemeinsam trächt.

(Alt-Berlin)

*

Hier im Hause bin ich gern zu Gast.
Was Geist, Herz und Gaumen faßt
Wird gern und reichlich mir gegeben;
Ein fröhlich und possierlich Leben.

Mir fall'n die Augen zu,
Der Kopf so schwer,
So gut gegessen, nun gebt Ruh'!
So viel getrunken. . . . .
gebt mir noch mehr!

(Aus dem Südslavischen)

*

Ich gebe mich der Poesie,
(Was bleibt mir übrig?) hin,
Und glaube, daß ich irgendwie
— wie sagt man — übervorteilt bin.

(Lessing)

*

Keine Zeit, bin müde!

(Friedrich der Große)

*

Ihr wart so lieb und gütig,
Habt Dank!
Es tut mir leid, daß ich so übermütig
Gar zu viel trank, verzeiht!

*

Sich genieren und sich zieren
Ist hier fehl am Platz,
Mensch, greif zu mit allen Vieren,
Sonst bekommt's die Katz.

*

Zu viel kann man wohl trinken,
Doch nie trinkt man genug.

(Lessing)

Wenn ihr müde seid, laßt euch nicht stören,
Geht ruhig ins Bett.
Ich trink noch den Rest hier aus.
Zu müd', nach Haus' zu geh'n.
Bei euch war's sehr schön.
Ich komme schon alleine raus,
Es war wiedermal nett!
Und ich lass von mir hören.....

*

Kinder, seid ihr denn bei Sinnen?
Überlegt euch das Kapitel!
Ohne die gehör'gen Mittel
Soll man keinen Krieg beginnen.

(W. Busch)

*

Kommt herbei, ihr Heiden, und höret,
gerufen, zu feiern das große Fest:
Und euer Geschirr wird dick werden
von den Rindern und der Nieren Fett
aus den Lämmern und vom Brote vom
besten Korne des Landes.
Und der Krug wird trunken sein vom
blutroten Wein, füllig wie Flüsse,
die zum Meere gehen, und ihr werdet ihn
mischen mit dem brennenden Nass.
Aber siehe, es wird herniederfahren der
Rausch, euch zu lähmen Füße und Zungen!
So ihr nicht euch stark machet zuvor,
also daß ihr euch und euren Weibern
zu fressen gebet in Mengen!
Oder ihr werdet zuschaden werden
über dem Suff des harten Geistes, den

eure Hirne und Zungen spenden sollen,
daß ihr nicht wollet verwelken wie
ein dürres Blatt am Feigenbaum.
Darob hebet an ein Geschrei
und singet, auf daß es dringe in
ferne Länder und lobe den Wirt.

*

Nach längerem Aufenthalt

Wir kamen diesmal schon im Lenz
Und fanden Ferienwonne
Ganz ohne Gäste-Konkurrenz,
Doch dafür mit viel Sonne.
Ihr machtet uns den Urlaub schön —
Noch schöner, ohne Frage.
Doch müssen eins wir eingestehn:
Zu kurz waren die Tage.
Für jede Stunde dieser Zeit
Mit sämtlichen Genüssen
Sei Euch nun unser Dank geweiht
Mit unsern Abschiedsgrüßen!

*

Freundschaft kennt keine Schranken.
Das haben wir hier gespürt.
Darum mit frohen Gedanken
Danken wir innig gerührt.
Dank für fröhliche Runden,
In denen wir nett geplauscht.
Dank für die stillen Stunden,
In denen der Kunst wir gelauscht.
Alles ist mal zu Ende,
Und fahren wir heute zurück,

So sagt Euch der Druck unserer Hände
Schön war dies Ferienglück!
Wir waren bei Euch wie zu Hause
Und haben viel gelacht.
Es hat uns Spaß gemacht
In Eurer behaglichen Klause.
Hat es auch manchmal geregnet,
Drinnen war Sonnenschein.
So soll es wohl immer sein,
Wenn man sich in Freundschaft begegnet.

*

Die Ferien verregnet,
Die Ruhe gesegnet,
Gern kehren wir wieder ein,
Hoffentlich bei Sonnenschein.

*

Immer war hübsch gedeckt,
Alles gab's, was uns schmeckt.
Scheiden mit Dank und Gruß,
Weil es ja doch sein muß.
Blüht nächstes Jahr der Flieder,
Kommen wir fröhlich wieder.

*

Wir möchten Ihnen Danke sagen
Für alle Freud' in diesen Tagen.
Der Dienst ruft leider uns zurück,
Erinn'rung bleibt ans Ferienglück.

*

Ihr habt Euch so viel Müh' gegeben,
Zu schmücken unser Urlaubsleben.
Wir haben wunderbar gegessen,

Vergnügt beim Weine hier gesessen.
Und melden, daß in schönen Stunden
Erholung wir und Glück gefunden.

*

Wir konnten nicht klagen.
Für Herz und Magen
Ward alles getan.
Den Gastgebern wollen
Wir Dank darum zollen!
Nehmt freundlich ihn an!

*

Auch ich muß nun zu guter Letzt,
Von Ihnen Abschied nehmen jetzt.
Ich hoffe, daß es Ihnen allen
Genauso gut wie mir gefallen.
So wünsch' ich, bevor ich muß geh'n,
Viel Vergnügen. Auf Wiederseh'n!

*

Für Anfang und Ende eines Gästebuches

Unseren Gästen, die zu uns kommen,
Sag' ich ein herzliches, frohes Willkommen.
Ich hoffe bestimmt, es wird ihnen allen
In unserem Kreise gut gefallen.
Zuerst gibt es meist etwas Gutes zu essen,
Und auch das Trinken wird nicht vergessen.
Das soll zum Erzählen sie munter machen,
Und zum Gespräch über heitere Sachen.
Es soll doch niemand nach Hause gehen
Ohne den Wunsch, uns mal wiederzusehen.
Laßt Euch ungezwungen und fröhlich nieder
Und ich glaub': wer mal hier war, kommt wieder!

Freunde sind uns uns're Gäste,
Die in diesem großen Haus
— aufgenommen auf das beste —
Fröhlich gehen ein und aus.
Darum sei hier aufgeschrieben,
Wie sie über uns gedacht.
Ob sie gerne länger blieben
Und was ihnen Spaß gemacht.
Auch Kritik, wenn sie mal nötig,
Sei ganz offen hier gesagt.
Wir sind immern gern erbötig,
Das zu ändern, was Sie plagt.
Weiter möchten wir auch wissen,
Ob das Frühstück allen schmeckt,
Ob zu weich, zu hart die Kissen,
Alles sei hier „aufgedeckt".
Sagen Sie uns all das offen,
Ehe Sie von dannen gehn.
Denn wir möchten gerne hoffen
Auf vergnügtes Wiedersehn!

*

Genug gefeiert und getrubelt,
Gastgeber Güte gern bejubelt,
Genug gehumpt,
Genug gelumpt.
Ein letztes mal noch Gruß und Kuss
Und nun ist's Schluß.

Nun ist der Festkranz aufgerichtet

DAS RICHTFEST

Wenn das kleine, geschmückte Bäumchen oder der Kranz auf dem Dachgiebel befestigt sind, wenn die bunten Bänder im Winde flattern, hat das neue Haus jenes Stadium erreicht, in dem man dieser zukünftigen menschlichen Behausung zum ersten Male alle guten Wünsche mit „auf den Weg" gibt. Man erbittet für dieses „Gebild aus Menschenhand" und vor allem für diejenigen, die darin wohnen werden, Glück, Gesundheit und Zufriedenheit. Man gedenkt auch all der Gefahren, die einem Haus drohen und denen im Laufe der Geschichte so unzählige Bauwerke zum Opfer gefallen sind: Feuer, Wasser und sonstige Zerstörung.

Nicht nur der Polier legt Wert auf einen originellen, heiter-ernsten Spruch an den Hausherrn, auch dieser sollte auf nette und humorvolle Weise der Arbeit am neuen Haus und vor allem der Arbeiter gedenken. Es gibt unzählige Richtsprüche, alte und neue. Sie alle zeugen von dem Vertrauen, das der Mensch in sein Werk setzt. Sie alle zeugen aber auch von dem Wissen darum, daß das eigene Schicksal und das Schicksal des Hauses letztlich nicht vom menschlichen Wollen und Können abhängen. Darum erbittet man den Schutz Gottes, dem man die zukünftige Wohnung und die Familie anvertraut.

Richtsprüche sind gutes, altes Brauchtum. Die folgende Sammlung enthält sowohl alte, als auch neue, die jedoch ausnahmslos von einer Hoffnung des Menschen Zeugnis ablegen, die er hegt, solange er Häuser baut: daß sie selbst beschützt werden, um ihm wirklichen Schutz bieten zu können.

Richtsprüche

Gott schütz dies Haus stets vor Gefahr
Und schütze seinen Herrn.
Es stehe sicher Jahr um Jahr
Und halt die Sorgen fern.
Der grüne Kranz sei ein Symbol
Für uns'res Bauherrn Glück,
Das in dem Hause wohnen soll
In jedem Augenblick!
Mit Kelle und Mörtel, mit Hammer und Kraft
Haben wir unsere Arbeit geschafft.
Nun steht das Haus fertig und ist bald bereit.
Heut wird schon zum Richtfest das Dach geweiht.
Wir wünschen dem Hausherrn ein frohes Gedeih'n
Die Hausfrau soll immer zufrieden hier sein.
Die Kinder sollen recht munter leben —
Darauf wollen wir unsere Gläser heben!

*

Auf dem Dach der grüne Kranz
Krönt, was wir geschafft.
Und des neuen Hauses Glanz
Zeigt der Arbeit Kraft.
Denn beim Schaffen, Mann für Mann,
Taten wir das Beste.
Und beim heut'gen Feste
Feiern wir, was wir getan.
Dieses Haus sei gegen Not
Immerdar gefeit.
Sei von keinem Sturm bedroht
Jetzt und allezeit.

Nun ist der Festkranz aufgericht',
Wir taten alle uns're Pflicht.
Drum dürfen wir heute mit gutem Recht
Zum Richtfest melden: das Werk ist nicht schlecht!
Steht sicher auf einem festen Grund,
Ist vom Keller bis unters Dach gesund.

Es soll eine gute Heimstatt auf Erden,
Und von Donner und Blitz nicht gefährdet werden.
Wir heben die Gläser und trinken sie aus:
Es lebe der Herr und es glänze das Haus.
Wer drin wohnt, soll fröhlich wie wir heute sein,
Bei Regen, bei Sturm und bei Sonnenschein!
Der göttliche Segen erfüllte das Haus,
Und die da gehen ein und aus.

Herr, in deinem Namen geh ich aus,
Bewahr allzeit das ganze Haus.
Meine Hausfrau und auch die Kinder mein
Laß dir, Gott, befohlen sein.

*

Gott des Himmels und der Erden,
Verwalt' dies Haus, daß es mög werden
Bewohnt in Ruh und Sicherheit
Von nun an bis zur letzten Zeit.

*

Herr, segne dieses Haus, schütze gnädig es vor Brand,
Sturm, Wind und Wettersnot, nebst dem ganzen Land,
Laß mich und das, was mein,
In Gnaden dir empfohlen sein.

*

Ich bin zuerst ein Zimmermann!
Was geht mich da das Reden an?
Ein „Schwarzer" bin ich, das zeigt der Schlips,
Die „schwarze Ehrbarkeit" der Grips
Im Hirn! Kann sägen, hämmern, messen
Und mächtig trinken, rauchen, essen!
Und alles das, mit Fleiß getan,
Macht und erhält den Zimmermann!
Wer wirkt so auf dem Bau wie wir?
Und tobt der Sturm auch wie ein Tier,
Will uns die schweren Balken reißen
Wild aus der Hand, hinunterschmeißen,
Daß Männer mir zum Teufel gehn!
Die Richtkron muß trotz allem wehn!
Mit ihren bunten Bändern allen

Reicht sie hinauf in Himmels Hallen!
Wer wohnt in diesem neuen Haus
Und wandelt immer ein und aus,
Er sei voll Glück, ob Weib, ob Mann,
Das wünsche ich als Zimmermann!
Viel Freud' sei allen so beschieden,
Viel Licht und warmer Sonnenschein!
Dies Glas will auf ihr Wohl ich trinken,
Daß mir die Augen freudig blinken!

(Er trinkt)

Das zweite Glas, uns soll es gelten,
Die wirken zwischen den zwei Welten,
Dem Himmel und dem Erdenrund!
Hoch preist den Zimmermann mein Mund!
Drum stoßt gleich alle mit mir an:
Es lebe hoch der Zimmermann!

*

Mit Gunst und Verlaub!
Baum und Bänder, frohe Zeichen,
Grüßen stolz von dieser Höh',
Wo nach guter, zünft'ger Sitte,
Heut als Zimmermann ich steh!
Wohl lange Wochen voll Müh' und Fleiß
Gehören zum Werden, Vollbringen
Solch eines Bauwerks; manch Tröpflein Schweiß
Kostet's zu seinem Gelingen.
Wir aber steh'n hier gar freudig bewegt,
Durch unsere Kunst ist's vollendet,
Verbunden, verankert und festgelegt,
Die Arbeit nun glücklich beendet.
Dies war der Wunsch, mit dem ich heut'
Am Ziel der Arbeit, hocherfreut,

Den hohen Rednerstuhl bestiegen;
Mit dieser frohen Zuversicht
Reicht mir den gold'nen Wein!
Den Neubau weih' ich zünftig ein.
Aufs Wohl der Bauherrschaft
Ein kräftig Hoch ich bringen will;
Drum will ich jetzt das Glas erheben,
Uns're Bauherrschaft soll leben!
Hoch! Hoch! Hoch!
In Ehren sei auch der genannt,
Von dem der Plan zum Hause stammt;
Der Bau beweist, das er was kann;
Ließ kunstgerecht den Riß entstehn
Zu dem, was wir vollendet sehn.
Der Meister denke ich, sodann
Der Lehrling- und Gesellenschaft
Und aller, die man am Bau beschäftigt fand,
's hat jeder brav sein Teil geschafft.
Drum will auf sie mein zweites Glas ich heben:
Die Handwerksleute sollen leben.
Hierauf einen kräftigen Zug:
Hau-ruck! Hau-ruck! Hau-ruck!
Den letzten Schluck ich leere
Dem Handwerk, dem ich angehöre;
Hierauf ein zünftiges
Holz-her! Holz-her! Holz-her!
So werf ich nach alter Sitte
Das Glas hinab in eure Mitte;
Des Glases Scherben, der funkelnde Wein,
Sie sollen des Glückes Unterpfand sein!
(Wirft)

*

Das neue Haus ist aufgericht't.
Gedeckt, gemauert ist es nicht;
Noch können Regen und Sonnenschein

Von oben und überall herein.
Drum rufen wir zum Meister der Welt,
Er wolle von dem Himmelszelt
Nur Heil und Segen gießen aus
Hier über dieses offne Haus!
Zuoberst woll' er gut Gedeihn
In die Kornböden uns verleihn,
In die Stube Fleiß und Frömmigkeit,
In die Küche Maß und Reinlichkeit,
In den Stall Gesundheit allermeist,
In den Keller dem Wein einen guten Geist!
Die Fenster und Pforten woll' er weihn,
Daß nichts Unseliges komme herein,
Und daß aus dieser neuen Tür
Bald fromme Kindlein springen für.
Nun, Maurer, decket und mauert aus!
Der Segen Gottes ist im Haus!

(Ludwig Uhland)

✳

Ihr Leut', da hab' ich jetzt den First erstiegen,
Viel lieber wäre ich heraufgeflogen!
Noch lieber hätt' ich geschlagen 'nen Bogen,
Um gleich ins nächste Wirtshaus abzubiegen!
Und reden soll ich auch noch! Das ist hart
Für einen Mann von meiner Art.
Zum Kuckuck da mit Witz, Humor und Grütze!
Dort oben ragt der frische Richtbaum,
Und muß es sein, so bau ich ohne Stütze
Gleich in die Luft ein Haus aus Bockbierschaum!
Der Bauherr hat zum Essen uns geladen,
Dazu zu Bier und manchem Glas Wein!
's gibt Speck, gibt Sauerkraut, dazu noch Schweinebraten,
's gibt Spätzle, Backwerk und dazu noch Mägdelein!
(Er hebt sein Glas)

Hoch soll er leben!
Seine junge Frau daneben!
Des Richtbaums Blätter blitzen grell im Winde,
Die bunten Bänder flattern hin und her.
Den Frau'n zu Ehren gieß' hinter die Binde
Ich dieses Glas, vom Weine rot und schwer!
Vordringlich leben sollen alle Mädchen,
Die unten steh'n und warten auf den Tanz!
Die Kecksten sind es wohl im ganzen Städtchen!
Wir winden in ihr Haar den Richtfestkranz.
Sie sollen leben, licht im Tanze schweben!
Hoch! Hoch! Und dreimal hoch sie sollen leben!
(Er trinkt und wirft das Glas hinunter)

*

Richtspruch für ein Schulgebäude

Der Richtbaum ragt, die Bänder wehen!
Vor Durst mir schon die Augen übergehen!
Und wer ein solches, weites Dach gebaut,
Daraus die Weisheit äugt und schaut,
Der deftig auch ins Essen haut!
Ihr Leute in der Runde,
Es soll'n zu dieser Stunde
Die Lehrer alle, alle, ohne Ausnahm' leben,
Bauherrn und Stadtväter daneben!
Doch den allertiefsten Schluck, den nehm' ich heut
Für Maurer und für Zimmerleut!

*

Richtspruch für eine Kirche

Was der Zimmermann vollendet,
Was der Maurer leisten kann,
Was jedwede Kraft gespendet,

Sieht man gern und freundlich an!
Armen schwachen Menschenkindern
Soll dies eine Zuflucht sein,
Ihren Gram darin zu lindern,
Ihre Sünden zu bereun.
Dankt dem ew'gen Vater alle,
Der euch gnädig schützt und hält!
Preiset ihn mit lautem Schalle,
Ihn, den Vater aller Welt.
Hell aus vollem Herzen töne
Unser Dank ihm fort und fort.
Reiches Glück und Segen kröne
Reinen, frommen Glaubenshort!
Denkt der Männer, die mit Liebe
Sich des Kirchbaus nahmen an,
Die aus gutem, edlem Triebe,
So viel Löbliches getan.
Und du, christliche Gemeinde,
Stimm in meinen Spruch mit ein:
Wer sich zu dem Bau vereinte,
Soll heut hoch gespriesen sein!

(Aus: Evangelisches Kirchengemeindeblatt
Reutlingen 14. 10. 1956
für die Auferstehungskirche in Reutlingen)

*

Richtspruch für einen Kirchturm

Begeistert werden in der Stadt sie lauschen,
Wenn Stund' um Stund' die neue Turmuhr dröhnt,
Wenn sonntags Jubeltöne feierrauschen,
Und Abendläuten Gott und Welt versöhnt.
Ach, manchmal läuten Glocken auch zu Grabe,
Sie gelken schaurig manche Nächte Feurio,
In Flammen sinkt dahin des Menschen Habe.
Doch Hochzeitsläuten macht die Herzen froh.

Der Hall der Glocken hält gleichsam zusammen
Den ganzen Ort, und es gehört dazu
Ein jeder, mag er noch so fernher stammen.
Die Glocken spenden Herzenswärm' und Ruh.

(Er hebt sein Glas und trinkt)

Ein Hoch sei allen, die beim Bau sich plagten!
Sie sollen leben, froh und glücklich sein!
Wir trotzten Blitzen, die herniederjagten!
Jetzt wollen wir vor allem fröhlich sein!
Das Glas hinab! Jetzt geht's zu Schmaus und Wein!

*

Richtspruch für ein Krankenhaus

Dank sei dieser Stadt, die Platz und Gelder
Mühsam endlich hat bereit gestellt!
(Er hebt sein Glas)
Leben soll sie! Ihre Ruhmes Felder
Preise hoch und nochmal hoch bald alle Welt.
Leben soll sie! Jubelnd will ich leeren
Ihr dies erste Glas mit edlem Wein!
Möge auch in Zeiten, unheilschweren
Dieses Haus der Liebe Heimstatt sein!

(Er trinkt)

Dieses zweite Glas den Schwestern und den Ärzten
Sei geweiht, die sich um jeden mühn,
Die schon manchen in Genesung scherzten
Und vor warmer Anteilnahme glühn!

(Er trinkt)

Dieses letze Glas will ich erheben
Für den Mauerer und den Zimmermann,
Der oft frei muß in den Lüften schweben,
Daß der Tod uns manchen abgewann!
(Er trinkt und wirft das Glas hinab)

Frisch hinunter jetzt! Wir wollen feiern,
Essen, trinken, tanzen und charmier'n,
Mädchen lustig durch den Tanzsaal steuern,
Und auch ein wenig abseits führ'n!
Nach der Arbeit kommt die Freude dran —
Und das liebt und preist der Zimmermann!

*

Richtspruch für eine Turnhalle

Hurra, Gesellen, es ist gelungen,
Das Dach ist hoch und weit geschwungen,
Daß es die Halle überspannt
Von Außenwand zu Außenwand!
Daß er das Schwerste, Allermeiste
An dem geräum'gen Bauwerk leiste,
Vom Boden bis zum First hinan,
Berufen ward der Zimmermann.
Und das entsprach auch der Vernunft!
Hoch lebe unsre alte Zunft!
Ja, frisch, fromm, fröhlich, froh und frei,
Der Wahlspruch edler Turnerei,
Es gilt in weiterem Bedeuten
Auch bei uns wackern Zimmerleuten!
Wir turnen ja schon Tag für Tag
Mit Säge, Maßstab, Hammerschlag!
Wir reiten Balken ab und auf
Vom Sockel bis zu Turmes Knauf!
Doch will ich allzuweit nicht schweifen,
Will rasch das volle Glas ergreifen,
Denn leben sollen alle, alle,
Die da gebaut an dieser Halle,
Die Plän' und Riß entworfen haben,
Die Kellergründe ausgegraben!
Sie sollen leben, wie es Brauch,
Turnwart, Bauherrn und Maurer auch!

Die Turnerfahne weht im Winde,
Wettstreitend mit dem Kranzgebinde
Des Mai'n, der Bänder flattern läßt
Zu diesem frohen, heitern Fest!
Ich heb mein volles Glas empor
Und ruf dem ganzen Turnerchor
Und allen, die den Bau umgeben:
Hoch sollt ihr alle, alle leben,
Und ganz besonders stets wie heut'
Die Maurer und die Zimmerleut'!
Es leb' auch hoch der Mädchen Kranz!
(Er trinkt und wirft das Glas hinunter)
Und nun in Feierwichs und Hüteglanz
Hinab zum frohen Richtfesttanz!

*

Richtspruch auf Museum, Schule, Rathaus o. ä.

Mit Gunst und Verlaub!
Ich bin ein freier Zimmermann und rufe:
Das erste Glas den Männern, die das Dach getürmt!
Sie ragen auf des Werkes höchster Stufe,
Kein anderer höher in die Bläue stürmt!
Drum sollen eben
Die Zimmerleut' vor allen andern leben!
(Er trinkt)
Das zweite Glas dem Bauherrn, unserer Stadt,
Die jetzt ein sehenswert Museum (Schule, Rathaus) hat!
(Er trinkt)
Jetzt kommt der Baumeister selber an die Reihe!
Ihm trink' dies Glas ich zur besondern Weihe!
(Er trinkt)
Das ganze Reden ist nur für den Wisch,
Man wird bloß durstig, Leute, wie ein Fisch,
Der schwimmt in einem Weltenmeer von Biere,

Von bayrischem natürlich, darum hoch
Soll'n alle leben, die mit dem Geschirre
Die Sparren, Grate zwangen in ihr Joch!
(Er trinkt)

Verkünden muß ich noch, daß wir zum Schmause
Geladen sind bei Bier, Wein, Tanzmusik!
Daß keiner mir vor morgen geht nach Hause!
Und hoffentlich sind auch die Mädchen schick!
Herrgott, wie ist der Durst so wild und groß!
Hinab das Glas! Zerscherb's im Erdenschoß,
Uns Glück zu bringen, denn das Glück allein
Darf größer als wir Zimmerleute sein!

Verlags-Verzeichnis

Hobby

Moderne Fotopraxis. Bildgestaltung – Aufnahmepraxis – Kameratechnik – Fotolexikon. (4030) Von Wolfgang Freihen, 304 Seiten, davon 50 vierfarbig, gebunden, mit Schutzumschlag, **DM 29,80**
Moderne Schmalfilmpraxis. Ausrüstungen · Drehbuch · Aufnahme · Schnitt · Vertonung (4043) Von Uwe Ney, 328 Seiten mit über 200 Abbildungen, teils vierfarbig, Balacron mit vierfarbigem Schutzumschlag, **DM 29,80**
Schmalfilmen. Ausrüstung – Aufnahmepraxis – Schnitt und Ton. (0342) Von Uwe Ney, 100 Seiten, 4 Farbtafeln und 25 Abbildungen, kartoniert, **DM 6,80**
Briefmarken sammeln für Anfänger (0481) Von Dieter Stein, 128 S., mit zahlreichen Abbildungen, kartoniert, **DM 7,80**
Münzen. Ein Brevier für Sammler. (0353) Von Erhard Dehnke, 128 Seiten, 30 Abbildungen – teils farbig, kartoniert, **DM 9,80**
Münzen sammeln nach Motiven. (0480) Von Armin Haug, 176 S., mit 93 Abbildungen, kartoniert, **DM 14,80**
Papiergeld. Ein Brevier für Sammler. (0501) Von Albert Pick, 116 Seiten, 51 Fotos, kartoniert, **DM 9,80**
Ikebana. Band 1: Moribana-Schalenarrangements. (0300) Von Gabriele Vocke, 164 Seiten, 40 großformatige Vierfarbtafeln, 66 Schwarzweißfotos und Graphiken, gebunden, **DM 19,80**
Ikebana. Band 2: Nageire-Vasenarrangements. (0348) Von Gabriele Vocke, 160 Seiten, 32 Farbtafeln, 73 Abbildungen, gebunden, **DM 19,80**
Arbeitsheft zum Lehrbuch Ikebana. (0319) Von Gabriele Vocke, 79 Seiten, 16 Graphiken, kartoniert, **DM 6,80**
Blumengestecke im Ikebanastil. (5041) Von Gabriele Vocke, 64 Seiten mit 37 vierfarbigen Abbildungen und vielen Zeichnungen, kartoniert, **DM 14,80**
Ikebana modern. (4031) Von Gabriele Vocke, 168 Seiten, davon 40 ganzseitige Vierfarbtafeln und mit vielen Zeichnungen, Ganzleinen mit vierfarbigem cellophaniertem Schutzumschlag, **DM 36,–**
Blumen arrangieren. Zauberhafte Gestecke im Ikebana-Stil. (4049) Von Gabriele Vocke, 160 Seiten mit 31 Farbtafeln und über 70 Zeichnungen, gebunden mit Schutzumschlag, **DM 36,–**
Bauernmalerei – leicht gemacht. (5039) Von Senta Ramos, 64 Seiten, 78 vierfarbige Abbildungen, Pappband, **DM 9,80**
Hobby-Bauernmalerei. (0436) Von Senta Ramos und Jo Roszak, 80 Seiten mit 116 Farbabbildungen und 28 Motivvorlagen, kartoniert, **DM 13,80**
Bauernmalerei als Kunst und Hobby. (4057) Von Arbo Gast und Hannie Stegmüller, 128 Seiten, 239 Farbfotos und 26 Riß-Zeichnungen, gebunden, mit vierfarbigem Schutzumschlag, **DM 29,80**
Arbeiten mit Ton. (5048) Von Johann Fricke, Fernsehbegleitbuch, 128 Seiten mit 166 Schwarzweißfotos und 15 Farbtafeln, kartoniert, **DM 14,80**
Töpfern als Kunst und Hobby (4073) Von Johann Fricke, 132 S., davon 37 vierfarb., 222 Schwarzweißfotos, gbd., mit Schutzumschlag, **DM 29,80**
Keramik kreativ gestalten. (5072) Von Ewald Stark, 64 Seiten, 117 Farbfotos und 2 Zeichnungen, Pappband, **DM 9,80**
Zinngießen leicht gemacht. (5076) Von Käthi Knauth, 64 Seiten, 85 Farbfotos, Pappband, **DM 9,80**
Modellieren mit selbsthärtendem Material. (5085) Von Klaus Reinhardt, 64 Seiten, 93 Farbfotos, Pappband, **DM 9,80**

FALKEN VERLAG

Falken Verlag GmbH · Postfach 1120 · D-6272 Niedernhausen/Ts. · Tel. 06127/3011-15 · Telex 04-186585 fves d

Hobby Holzschnitzen. Von der Astholzfigur zur Vollplastik. (5101) Von Heinz-D. Wilden, 112 Seiten, farbige und schwarzweiße Abbildungen und Skizzen, ca. **DM 12,80***
Schmuck und Objekte aus Metall und Email (5078) Von Johann Fricke, 120 Seiten, 183 farbige und schwarzweiße Abbildungen, kartoniert, **DM 16,80**
Hinterglasmalerei – leicht gemacht. (5062) Von Horst Hennicke, 64 Seiten, 63 Abbildungen, 2 Zeichnungen, durchgehend vierfarbig, Pappband, **DM 9,80**
Transparente Glasmalerei – leicht gemacht. (5064) Von Felizitas Krettek, 64 Seiten mit 62 vierfarbigen Abbildungen, Pappband, **DM 9,80**
Ölmalerei leicht gemacht. (5073) Von Heiner Karsten, 64 Seiten, 62 Farbfotos, Pappband, **DM 9,80**
Naive Malerei leicht gemacht. (5083) Von Felizitas Krettek, 64 Seiten, 76 Farbfotos, Pappband, **DM 9,80**
Stoffmalerei und Stoffdruck leicht gemacht. (5074) Von Heide Gehring, 64 Seiten, 110 Farbfotos, Pappband, **DM 9,80**
Zugeschaut und mitgebaut Band 1. Helmut Scheuer im Hobby-Keller – ein ZDF-Fernsehbegleitbuch. (5031) Von Helmut Scheuer, 96 Seiten, 218 Farbabbildungen und Schwarzweißfotos, kartoniert, **DM 14,80**
Zugeschaut und mitgebaut Band 2. Helmut Scheuer im Hobby-Keller. (5061) Von und mit Helmut Scheuer, 120 Seiten mit 277 farbigen und schwarzweißen Abbildungen, kartoniert, **DM 14,80**
Zugeschaut und mitgebaut Band 3. (5077) Von Helmut Scheuer, 120 Seiten, 291 farbige und schwarzweiße Abbildungen, kartoniert, **DM 14,80**
Zugeschaut und mitgebaut Band 4. Helmut Scheuer im Hobbykeller. (5093) Von Helmut Scheuer, 120 S., mit 122 farbigen und 113 schwarzweißen Abbildungen, kartoniert, **DM 14,80**
Hobby-Basteln, Freizeit-Werken. (4050) Herausgegeben von Diethelm Reichart, 320 Seiten mit 400 Abbildungen, größtenteils vierfarbig, gebunden, mit Schutzumschlag. **DM 39,–**
Das große farbige Bastelbuch. (4018) Von Friederike Baresel-Anderle, 248 Seiten, über 300 vierfarbige Abbildungen, Pappband, **DM 14,80**
Papier-Basteleien. (0406) Von Lena Nessle, 96 Seiten, 84 Fotos und 70 Zeichnungen, teils zweifarbig, kartoniert, **DM 6,80**
Phantasieblumen aus Strumpfgewebe, Tauchlack, Papier, Federn (5091) Von Ruth Scholz-Peters, 64 S., mit 70 Farbfotos, Pbd., **DM 9,80**
Glückwunschkarten und Kalender selbst basteln. (0467) Von Gertraud Mayr, 95 Seiten, 288 Zeichnungen, kartoniert, **DM 6,80**
Trockenblumen und Gewürzsträuße. (5084) Von Gabriele Vocke, 64 Seiten, 63 Farbfotos, Pappband, **DM 9,80**
Origami – die Kunst des Papierfaltens. (0280) Von Robert Harbin, 160 Seiten, über 600 Zeichnungen, kartoniert, **DM 8,80**
Ferngelenkte Motorflugmodelle – bauen und fliegen. (0400) Von Werner Thies, 184 Seiten mit Zeichnungen und Detailplänen, kartoniert, **DM 12,80**
Flugmodelle bauen und einfliegen. (0361) Von Werner Thies und Willi Rolf, 160 Seiten, 63 Abbildungen und 7 Faltpläne, kartoniert, **DM 9,80**
Ferngelenkte Segelflugmodelle bauen und fliegen. (0446) Von Werner Thies, 176 Seiten, 22 Fotos und 115 Zeichnungen, kartoniert, **DM 14,80**
Schiffsmodelle selber bauen. (0500) Von Dietmar und Reinhard Lochner, 200 Seiten + 2 Faltpläne, 93 Zeichnungen, kartoniert, **DM 14,80**
CB-Code. Wörterbuch und Technik. (0435) Von Richard Kerler, 120 Seiten mit technischen Abbildungen, kartoniert, **DM 7,80**
Findet den ersten Stein! Mineralien, Steine und Fossilien. Grundkenntnisse für Hobby-Sammler. (0437) Von Dieter Stobbe, 96 Seiten, 16 Farbtafeln, 14 Fotos und 10 Zeichnungen, kartoniert, **DM 9,80**
Mineralien und Steine. Farben – Formen – Fundorte. (0409) Von Rudolf Graubner, 144 Seiten mit 90 Farbabbildungen, flexibel kartoniert, **DM 9,80**
Häkeln und Makramee. Techniken – Geräte – Arbeitsmuster. (0320) Von Dr. Marianne Stradal, 104 Seiten mit 191 Abbildungen und Schemata, kartoniert, **DM 6,80**
Makramee. Knüpfarbeiten leicht gemacht. (5075) Von Birte Pröttel, 64 Seiten, 95 Farbfotos, Pappband, **DM 9,80**
Flechten mit Bast, Stroh und Peddigrohr. (5098) Von Hanne Hangleiter, 64 Seiten, 129 Abbildungen, Pappband, **DM 9,80**
Stricken, häkeln, loopen. (0205) Von Dr. Marianne Stradal, 96 Seiten, 100 Abbildungen, kartoniert, **DM 5,80**
Strick mit! Ein Kurs für Anfänger. (5094) Von Birte Pröttel, 120 Seiten, 72 vierfarbige und 188 schwarzweiße Abbildungen, kartoniert, **DM 14,80**
Stoff- und Kuscheltiere stricken, häkeln, nähen (5090) Von Birte Pröttel, 64 S., mit 50 Farbfotos, Pbd., **DM 9,80**
Selbstschneidern – mein Hobby. (0185) Von H. Wohlert, 128 Seiten, 233 Abbildungen, kartoniert, **DM 6,80**
Die Selbermachers renovieren ihre Wohnung. (5013) Von Wilfried Köhnemann, 148 Seiten, 374 Farbabbildungen, Zeichnungen und Fotos, kartoniert, **DM 14,80**
Selbst tapezieren und streichen. (0289) Von Dieter Heitmann, 116 Seiten, 67 Abbildungen, kartoniert, **DM 6,80**
Möbel aufarbeiten, reparieren und pflegen. (0386) Von E. Schnaus-Lorey, 96 Seiten, 104 Fotos und Zeichnungen, kartoniert, **DM 6,80**
Heimwerker-Handbuch. (0243) Von Bernd Käsch, 204 Seiten, 229 Fotos und Zeichnungen, kartoniert, **DM 9,80**

* Neuerscheinung. Preise waren bei Druckbeginn noch nicht endgültig festgelegt.

Sport

Die Erben Lilienthals. **Sportfliegen heute.** (4054) Von Günter Brinkmann, 240 Seiten, 32 Farbtafeln, 176 Schwarzweißfotos, 33 Zeichnungen, mit vierfarbigem Schutzumschlag, gbd., **DM 36,–**
Tennis. Technik – Taktik – Regeln. (0375) Von Harald Elschenbroich, 112 Seiten, 81 Abbildungen, kartoniert, **DM 6,80**
DUNLOP-Führer **Tennis-Hotels** 1979/80 (0489) Von Dr. Werner Jopp, 244 S., kart., **DM 14,80**
Frust und Freud beim Tennis. Psychologische Studien der Spielertypen und Verhaltensweisen. (4079) Von S. H. Cath., A. Kahn, N. Cobb., 176 Seiten gebunden, mit Schutzumschlag, **DM 16,80**
Squash. Ausrüstung – Technik – Regeln. (0389) Von Knut Fricke, 84 Seiten, 90 Abbildungen und Zeichnungen, kartoniert, **DM 9,80**
Tischtennis – modern gespielt, mit TT-Quiz 17:21. (0363) Von Ossi Brucker und Tibor Harangozo, 120 Seiten, 65 Abbildungen, kartoniert, **DM 9,80**
Basketball. Übungen und Technik für Schule und Verein. (0279) Von Chris Kyriasoglou, 116 Seiten mit 252 Übungen zur Basketballtechnik, 186 Fotos und 164 Zeichnungen, kartoniert, **DM 12,80**

Volleyball. Technik – Taktik – Regeln. (0351) Von Henner Huhle, 102 Seiten, 330 Abbildungen, kartoniert, **DM 9,80**
Wasser-Volleyball. (0456) Von Laszlo Sarossi und Karl-Friedrich Schwarz, 80 Seiten, 54 Abbildungen, kartoniert, **DM 12,80**
Eishockey. Technik – Taktik – Regeln. (0414) Von Roman Neumayer, ca. 144 Seiten mit ca. 90 Fotos und Abbildungen, kartoniert, ca. **DM 9,80***
Hockey. Grundschule – Training – Taktik. (0398) Von Horst Wein, 152 Seiten mit vielen Zeichnungen und Fotos, kartoniert, **DM 12,80**
Golf. Ausrüstung – Technik – Regeln. (0343) Von J. Jessop, übersetzt von Heinz Biemer, mit einem Vorwort von H. Krings, Präsident des Deutschen Golf-Verbandes, 160 Seiten, 65 Abbildungen, Anhang der Golfregeln des DGV, kartoniert, **DM 14,80**
Pool-Billard. Hrsg. vom Deutschen Pool-Billard-Bund (0484) Von Manfred Bach, Karl-Werner Kühn, 88 S., mit über 80 Abbildungen, kartoniert, **DM 7,80**
Fibel für Kegelfreunde. (0191) Von G. Bocsai, 80 Seiten, mit über 60 Abbildungen, kartoniert, **DM 4,80**
Beliebte und neue Kegelspiele. (0271) Von Georg Bocsai, 92 Seiten, 62 Abbildungen, kartoniert, **DM 4,80**
Segeln. Ein Anfängerkurs mit vielen Bildern. (0316) Von H. und L. Blasy, 112 Seiten, 92 Fotos und Abbildungen, kartoniert, **DM 6,80**
Segeln. Boote, Manöver, Windsurfen. (5009) Von Horst Müller, 64 Seiten, 42 Farbabbildungen, Pappband, **DM 9,80**
Segeln. (4207) Von Claus Hehner, 96 Seiten, 106 großformatige Farbfotos, Pappband, **DM 19,80**
Windsurfen. Handbuch für Grundschein und Praxis. (5028) Von Calle Schmidt, 64 Seiten, über 50 Abbildungen, durchgehend vierfarbig, Pappband, **DM 9,80**
Angeln. Kleine Fibel für den Sportfischer. (0198) Von E. Bondick, 96 Seiten, mit über 116 Abbildungen, kartoniert, **DM 5,80**
Sportfischen. Fische – Geräte – Technik. (0324) Von Helmut Oppel, 144 Seiten, mit 49 Fotos, Abbildungen und 8 Farbtafeln, kartoniert, **DM 8,80**

Falken-Handbuch Tauchsport. (4062) Von Wolfgang Freihen, 272 Seiten, 252 Farbfotos und Abbildungen, gebunden, mit Schutzumschlag, **DM 29,80**
Tauchen. Grundlagen – Training – Praxis. (0267) Von W. Freihen, 144 Seiten, 71 Fotos und Farbtafeln, kartoniert, **DM 9,80**
Reiten. Vom ersten Schritt zum Reiterglück. (5033) Von Herta F. Kraupa-Tuskany, 64 Seiten mit vielen Farbbildern und Zeichnungen, kartoniert, **DM 9,80**
Reiten im Bild. Dressur – Springen – Gelände. (0415) Von Ute Richter, 168 Seiten, 235 Abbildungen, kartoniert, **DM 9,80**
Voltigieren. Pflicht – Kür – Wettkampf. (0455) Von Josephine Bach, 119 Seiten, 88 Schwarzweißfotos und 4 Farbtafeln, kartoniert, **DM 12,80**
Skischule. Ausrüstung – Technik – Gymnastik. (0369) Von Christine und Richard Kerler, 128 Seiten mit 100 Fotos, kartoniert, **DM 7,80**
Skilanglauf für jedermann. Lernen – Üben – Anwenden. Ein Fernsehbegleitbuch. (5036) Von Prof. Heiner Brinkmann, Sporthochschule Köln, 116 Seiten mit 133 Fotos, kartoniert, **DM 12,80**
Ski-Gymnastik. Fit für Piste und Loipe. (0450) Von Hannelore Pilss-Samek, 104 Seiten, 67 Fotos und 20 Zeichnungen, kartoniert, **DM 6,80**
Schwimm mit! Anfängerkurs für Kinder und Eltern. Ein ZDF-Fernsehbegleitbuch. (5040) Von W. Günter Lingenau und Bärbel Vitt, 64 Seiten, 120 Abbildungen, kartoniert, mit Ringheftung, **DM 9,80**
Babys lernen schwimmen. (0497) Von Jean Fouace, 96 Seiten, 46 Abbildungen, kartoniert, **DM 9,80**
Handball. Technik – Taktik – Regeln. (0426) Von Fritz und Peter Hattig, 144 Seiten, 91 Fotos und 121 Zeichnungen, kartoniert, **DM 9,80**
Fußball. Technik – Regeln – Taktik. (0448) Von Holger Obermann und Peter Walz, 166 Seiten, 93 Fotos, 56 Zeichnungen, kartoniert, **DM 9,80**
Fechten. Florett – Degen – Säbel. (0449) Von Emil Beck, 88 Seiten, 219 Fotos und Zeichnungen, kartoniert, **DM 9,80**
Spaß am Laufen. Jogging für die Gesundheit. (0470) Von Werner Sonntag, 120 Seiten, 36 Abbildungen, kartoniert, **DM 6,80**
Roller-Skating. Rollschuhlaufen. (0518) Von Christa-Maria und Richard Kerler, ca. 96 Seiten, Abbildungen, kartoniert, ca, **DM 6,80***
Auto-Rallyes für jedermann. Planen – ausrichten – mitfahren. (0457) Von Rüdiger Hagelberg, 104 Seiten, kartoniert, **DM 9,80**

* Neuerscheinung. Preise waren bei Druckbeginn noch nicht endgültig festgelegt.

Budo

Jiu-Jitsu. (0065) Von B. Kressel, 84 Seiten, 85 Abbildungen, kartoniert, **DM 5,80**
Ju-Jutsu – waffenlose Selbstverteidigung. Das Beste aus Judo, Karate, Aikido. (0276) Von W. Heim und F. J. Gresch, 156 Seiten, 460 Fotos, kartoniert, **DM 9,80**
Ju-Jutsu 2. Für Fortgeschrittene und Meister. (0378) Von Werner Heim und Franz J. Gresch, 164 Seiten, 708 Abbildungen, kartoniert, **DM 16,80**
Ju-Jutsu 3. Spezial-, Gegen- und Weiterführungstechniken (0485) Von Werner Heim, Franz Josef Gresch, 214 S., mit über 600 Abbildungen, kartoniert, **DM 19,80**
Judo – Grundlagen des Stand- und Bodenkampfes. (4013) Von W. Hofmann, 244 Seiten, 589 Fotos, 2-farbiger Einband, Großformat, gbd., **DM 28,–**
Judo. Grundlagen – Methodik. (0305) Von Mahito Ohgo, 204 Seiten, 1025 Fotos, kartoniert, **DM 14,80**
Judo. Go Kyo-Kampftechniken. (0352) Von Mahito Ohgo, 152 Seiten, 231 Abbildungen, kartoniert, **DM 16,80**
Wir machen Judo. (5069) Von Riccardo Bonfranchi und Ulrich Klocke, 92 Seiten, mit Bewegungsabläufen in cartoonartigen zweifarbigen Zeichnungen, kartoniert, **DM 12,80**
Neue Lehrmethoden der Judo-Praxis. (0424) Von Pierre Herrmann, 223 Seiten, 475 Abbildungen, kartoniert, **DM 16,80**
Karate I. Ein fernöstlicher Kampfsport. (0227) Von Albrecht Pflüger, 136 Seiten, 195 Fotos und Zeichnungen, kartoniert, **DM 9,80**
Karate II. (0239) Von Albrecht Pflüger, 160 Seiten, 452 Abbildungen, kartoniert, **DM 9,80**
Karate für alle. Karate-Selbstverteidigung in Bildern. (0314) Von Albrecht Pflüger, 112 Seiten, 356 Fotos, kartoniert, **DM 8,80**
Karate-Do. Das Handbuch des modernen Karate. (4028) Von Albrecht Pflüger, 360 Seiten, über 1159 Abbildungen, gebunden, **DM 28,–**
Nakayamas Karate perfekt 1. Einführung (0487) Von Masatoshi Nakayama, 144 S., mit 605 Fotos, kartoniert, **DM 19,80**
Nakayamas Karate perfekt 2. Grundtechniken. (0512) Von Masatoshi Nakayama,136 Seiten, 354 Fotos, 53 Zeichnungen, kartoniert, **DM 19,80**
Kontakt-Karate. Ausrüstung – Technik – Training. (0396) Von Albrecht Pflüger, 5. DAN Karate, 128 Seiten, 238 Fotos, kartoniert, **DM 12,80**
BO-Karate. Kukishin-Ryu – die Techniken des Stockkampfes. (0447) Von Georg Stiebler, 176 Seiten, 424 Fotos und 38 Zeichnungen, kartoniert, **DM 16,80**
Karate für Frauen und Mädchen. Sport und Selbstverteidigung. (0425) Von Albrecht Pflüger, 168 Seiten, 259 Fotos, kartoniert, **DM 9,80**
Kung Fu – Grundlagen, Technik. (0367) Von Bruce Tegner, 182 Seiten, 370 Fotos, kartoniert, **DM 14,80**
Kung-Fu II. Theorie und Praxis klassischer und moderner Stile. (0376) Von Manfred Pabst, 160 Seiten, 330 Abbildungen, kartoniert, **DM 12,80**
Shaolin-Kempo – Kung-Fu. Chinesisches Karate im Drachenstil. (0395) Von Ronald Czerni und Klaus Konrad, 236 Seiten, 723 Abbildungen, kartoniert, **DM 16,80**
Kampfsport Fernost. Kung-Fu – Judo – Karate – Kendo – Aikido (4108) Von Jim Wilson, 88 Seiten, 164 farbige Abbildungen, Pappband, **DM 22,–**
Shuriken · Tonfa · Sai. Stockfechten und andere bewaffnete Kampfsportarten aus Fernost. (0397) Von Andreas Schulz, 96 Seiten, 253 Fotos, kartoniert, **DM 12,80**
Nunchaku. Waffe und Sport – Selbstverteidigung. (0373) Von Albrecht Pflüger, 144 Seiten, 247 Abbildungen, kartoniert, **DM 16,80**
Aikido. Moderne japanische Selbstverteidigung. (0248) Von Gerd Wischnewski, 132 Seiten, 256 Abbildungen, kartoniert, **DM 9,80**
Kendo. Japanisches Stockfechten. (0413) Von Peter Jagemann, 120 Seiten, 170 Abbildungen, kartoniert, **DM 14,80**
Taekwon-Do. Koreanischer Kampfsport. (0347) Von Konstantin Gil, 152 Seiten, 408 Abbildungen, kartoniert, **DM 12,80**
Hap Ki Do. Grundlagen und Techniken koreanischer Selbstverteidigung. (0379) Von Kim Sou Bong, 120 Seiten, 153 Abbildungen, kartoniert, **DM 14,80**
Illustriertes Handbuch des Taekwondo. Koreanische Kampfkunst und Selbstverteidigung (4053) Von Konstantin Gil, 248 Seiten, 1026 Abbildungen gbd., **DM 28,–.**

Budo-Lexikon. 1500 Fachausdrücke fernöstlicher Kampfsportarten. (0383) Von Herbert Velte, 138 Seiten, 95 Abbildungen, kartoniert, **DM 9,80**
Budo-Weisheiten – und praktische Ratschläge. (0408) Herausgegeben von Herbert Velte, 80 Seiten, 8 Zeichnungen, kartoniert, **DM 9,80**
Budo-Karikaturen. Gezeichnete Witze über fernöstliche Kampfsportarten. (0504) Von Herbert Velte und Peter Raab, 112 Seiten, kartoniert, **DM 9,80**
Bruce Lee. Sein Leben und Kampf. Von seiner Frau Linda. (0392) Deutsch von W. Nottrodt, 182 Seiten mit vielen Abbildungen, **DM 16,80**

FALKEN + OHARA. Ein Exklusivabkommen mit dem weltgrößten Budo-Verlag OHARA, USA, ermöglicht es Falken, diese wichtige Produktion nun auch in deutscher Sprache dem Interessierten zugänglich zu machen.

Bruce Lees Jeet Kune Do. (0440) Von Bruce Lee, übersetzt von Hans-Jürgen Hesse, 192 Seiten, mit 105 eigenhändigen Zeichnungen von Bruce Lee, kartoniert, **DM 19,80**
Bruce Lees Kampfstil 1. Grundtechniken (0473)Von Bruce Lee und M. Uyehara, deutsch von Hans-Jürgen Hesse, 109 Seiten, 220 Abbildungen, kartoniert, **DM 9,80**
Bruce Lees Kampfstil 2. Selbstverteidigungs-Techniken (0486) Von Bruce Lee, M. Uyehara, 128 S., mit 310 Fotos, kartoniert, **DM 9,80**
Bruce Lees Kampfstil 3. Trainingslehre. (0503) Von Bruce Lee und M. Uyehara, 112 Seiten, 246 Abbildungen, kartoniert, **DM 9,80**
Dynamische Tritte. Grundlagen für den Freikampf. (0438) Von Chong Lee, übersetzt von Manfred Pabst, 96 Seiten, 398 Fotos, 10 Zeichnungen, kartoniert, **DM 9,80**
Fußwürfe für Judo, Karate und Selbstverteidigung. (0439) Von Hayward Nishioka, übersetzt von Hans-Jürgen Hesse,
96 Seiten, 260 Abbildungen, kartoniert, **DM 9,80**
SAI. Karate-Waffe zur Selbstverteidigung (0472) Von Fumio Demura, deutsch von Hans-Jürgen Hesse, 156 Seiten, 608 Abbildungen, kartoniert, **DM 16,80**

* Neuerscheinung. Preise waren bei Druckbeginn noch nicht endgültig festgelegt.

Wissen und Technik

Der Sklave Calvisius. 150 n. Chr. Alltag in einer römischen Provinz (4058) Von Alice Ammermann, Tilman Röhrig, Gerhard Schmidt, 120 S., mit über 100 farbigen und schwarzweißen Abbildungen, Pappband, **DM 19,80**
Antiquitäten-(Ver)führer. Stilkunde – Wert – Echtheitsbestimmung. (5057) Von Margot Lutze, 128 Seiten, über 180 Abbildungen, durchgehend vierfarbig, Pappband, **DM 19,80**
Antiquitäten. (4105) Herausgegeben von Peter Philp, übersetzt von Britta Zorn, 144 Seiten, mit über 250 Abbildungen, davon 43 vierfarbig, gebunden, **DM 19,80**
Orientteppiche. Herkunft – Knüpfkunst – Echtheitsbestimmung. (5046) Von Horst Müller, 64 Seiten, 62 vierfarbige Abbildungen, Pappband, **DM 12,80**
Freizeit mit dem Mikroskop. (0291) Von Martin Deckart, 132 Seiten, 69 Fotos und 4 Zeichnungen, kartoniert, **DM 9,80**
Heiße Öfen. (5008) Von Horst Briel, 64 Seiten, 63 Farbabbildungen, Pappband, **DM 9,80**
Mofas, Mokicks, Heiße Öfen. Steckbriefe der meistgefahrenen Maschinen. (0513) Von Horst Briel, 168 Seiten, 175 farbige und schwarzweiße Abbildungen, kartoniert, **DM 14,80**
Die schnellsten Motorräder der Welt. (4206) Von H. G. Isenberg und Dirk Maxeiner, 96 Seiten, 100 Farbabbildungen, Pappband, **DM 19,80**
Gebrauchtwagenpreise. Auf Basis der Erhebungen von Schwacke. (0490) Hrsg. von Hanns W. Schwacke, 128 S., kart., **DM 7,80**
Gebrauchtwagen-Preise. Frühjahr/Sommer 1980. (0519) Herausgegeben von Hanns W. Schwacke – Eurotax. 160 Seiten, kartoniert, **DM 7,80**
Die schnellsten Autos der Welt. (4201) Von H. G. Isenberg und Dirk Maxeiner, 96 Seiten, 110 Abbildungen, überwiegend vierfarbig, Pappband, **DM 19,80**
Autoreport. Fahrtechnik und Fahrverhalten. (5058) Erarbeitet von der »Arbeitsgruppe Autoreport« unter Leitung von Klaus Schramböhmer, im Hause der Berolina-Film-TV, 71 Seiten, 113 Abbildungen, kartoniert, **DM 9,80**
Die rasantesten Rallyes der Welt (4213) Von Hans G. Isenberg, Dirk Maxeiner, 96 S., mit ca. 100 großformatigen Fotos, Pbd., **DM 19,80**

Die schnellsten Motorboote der Welt. (4210) Von Hans G. Isenberg, 96 Seiten, 104 großformatige Farbfotos, Pappband, **DM 19,80**
Dampflokomotiven. (4204) Von Werner Jopp, 96 Seiten, 134 Farbabbildungen, Pappband, **DM 19,80**
Wärme aus Kälte und Sonne. Moderne Techniken zur Wärmegewinnung. (0453) Von Gottfried Kludas, 176 Seiten, 46 Zeichnungen, kartoniert, **DM 16,80**
Keine Angst vorm Fliegen. (0463) Von Rudolf Braunburg und R. J. Pieritz, 159 Seiten, 15 Farbtafeln, 68 Schwarzweißfotos, kartoniert, **DM 12,80**
Die tollsten Motorflugzeuge aller Zeiten. (4208) Von Richard J. Höhn und Hans G. Isenberg, 96 Seiten, 86 großformatige Farbfotos, Pappband, **DM 19,80**
Zivilflugzeuge. Vom Kleinflugzeug zum Überschalljet. (4218) Von Hans G. Isenberg und Richard J. Höhn, 96 Seiten, 115 großformatige Farbfotos, Pappband, **DM 19,80**

* Neuerscheinung. Preise waren bei Druckbeginn noch nicht endgültig festgelegt.

Pflanzen, Garten, Tiere

Alpenblumen. (4202) Von Kurt Blüchel, 96 Seiten mit 80 Abbildungen, durchgehend vierfarbig, Pbd., **DM 19,80**
Faszination Berg zwischen Alpen und Himalaya (4214) Von Toni Hiebeler, 96 S., mit 100 großformatigen Farbfotos, Pbd., **DM 19,80**
Die farbige Kräuterfibel. (0245) Von Ingrid Gabriel, 196 Seiten, 142 Abbildungen, davon 49 farbig, Taschenbuchformat, gebunden, **DM 12,80**
Großes Kräuter- und Gewürzbuch. (4026) Von Heinz Görz, 584 Seiten, 40 Farbtafeln und 152 Abbildungen, gebunden mit Schutzumschlag, **DM 29,80**
Gemüse und Kräuter. Frisch und gesund aus eigenem Anbau. (5024) Von Mechthild Hahn, 64 Seiten, 71 Abbildungen, durchgehend vierfarbig, Pappband, **DM 9,80**
Arzneikräuter und Wildgemüse erkennen und benennen. (0459) Von Jörg Raithelbuber, 140 Seiten, 108 Farbfotos, kartoniert, **DM 12,80**
Die bunte Welt der Wiesenblumen. (4217) Von Friedrich Jantzen, 96 Seiten, 121 großformatige Farbfotos, Pappband, **DM 19,80**
Bäume und Sträucher erkennen und benennen. (0509) Von Jörg Raithelhuber, ca. 136 Seiten, ca. 100 Farbfotos, kartoniert, ca. DM **14,80***
Beeren und Waldfrüchte. erkennen und benennen – eßbar oder giftig? (0401) Von Jörg Raithelhuber, 136 Seiten, 90 Farbfotos, 40 s/w, kartoniert, **DM 12,80**
Das farbige Pilzbuch. (0215) Von K. und G. Kronberger, 132 Seiten, 105 farbige Abbildungen, gebunden, **DM 12,80**
Pilze erkennen und benennen. (0380) Von J. Raithelhuber, 136 Seiten, 106 Farbfotos, kartoniert, **DM 9,80**
Falken-Handbuch Pilze. Mit über 250 Farbfotos und Rezepten. (4061) Von Martin Knoop, 276 Seiten, 250 Farbfotos, 28 Zeichnungen, gebunden, mit vierfarbigem Schutzumschlag, **DM 36,00**
Fibel für Kakteenfreunde. (0199) Von H. Herold, 92 Seiten, 8 Farbtafeln, kartoniert, **DM 6,80**
Kakteen. Herkunft, Anzucht, Pflege. (5021) Von Werner Hoffmann, 64 Seiten, 70 Abbildungen, durchgehend vierfarbig, Pappband, **DM 9,80**
Faszinierende Formen und Farben **Kakteen.** (4211) Von Katharina und Franz Schild, 96 Seiten, 127 großformatige Farbfotos, Pappband, **DM 19,80**
Sukkulenten. Mittagsblumen, Lebende Steine, Wolfsmilchgewäche u. a. (5070) Von Werner Hoffmann, 64 Seiten, 82 Farbabbildungen, Pappband, **DM 9,80**
Orchideen. Eigenart – Schnittblumen – Topfkultur – Pflege. (5038) Von Dr. Gustav Schoser, 64 Seiten, 75 Farbfotos, Pappband, **DM 9,80**
Orchideen. (4215) Von Dr. Gustav Schoser, 143 S., mit 143 großform. Farbfotos, Pbd., **DM 19,80**
Zimmerpflanzen. (5010) Von Inge Manz, 64 Seiten, 98 Farbabbildungen, Pappband, **DM 9,80**
Hydrokultur. Pflanzen ohne Erde – mühelos gepflegt. (4080) Von Hans-August Rotter, ca. 120 Seiten, ca. 80 farbige und schwarzweiße Abbildungen und Zeichnungen, Pappband, ca. **DM 19,80***
Balkons in Blütenpracht zu allen Jahreszeiten. (5047) Von Nikolaus Uhl, 64 Seiten, 82 vierfarbige Abbildungen, Pappband, **DM 9,80**
Frühbeet und Kleingewächshaus. (5055) Von Dr. Gustav Schoser, 64 Seiten, 43 Farbfotos, durchgehend vierfarbig, Pappband, **DM 12,80**
Blumenpracht im Garten. (5014) Von Inge Manz, 64 Seiten, 93 Abbildungen, durchgehend vierfarbig, Pappband, **DM 9,80**

Rosen. Arten – Pflanzung – Pflege. (5065) Von Inge Manz, 64 Seiten, 60 Farbfotos, 1 Zeichnung, Pappband, **DM 9,80**
Ziersträucher und -bäume im Garten. (5071) Von Inge Manz, 64 Seiten, 91 Farbabbildungen, Pappband, **DM 12,80**
Steingärten. Anlage – Pflanzen – Pflege (5092) Von Martin Haberer, 64 S., mit 90 Farbfotos, Pappband, **DM 9,80**
Der Obstgarten. Pflanzung · Pflege · Baumschnitt · Neuheiten. (5100) Von Joachim Zech, 64 Seiten, ca. 60 Farbfotos, Pappband, **DM 9,80***
Gärtnern. (5004) Von Inge Manz, 64 Seiten, 38 Farbabbildungen, Pappband, **DM 9,80**
Der Garten. Das moderne illustrierte Standardwerk (4044) Von Gerhard Bambach, unter Mitarbeit von Ulrich Kaiser, Wolfgang Velte und Joachim Zech, 826 Seiten mit über 800 Abbildungen und Gartenskizzen, teils vierfarbig, gebunden mit Schutzumschlag. **DM 39,–**
Das Gartenjahr. Arbeitsplan für draußen und drinnen. (4075) Von Gerhard Bambach, 152 Seiten, 16 Farbtafeln, viele Abbildungen, kartoniert, **DM 9,80**

Tiernamen-ABC für Züchter und Tierfreunde. (0372) Von Hans Schiefelbein, 104 Seiten, kartoniert, **DM 7,80**
Das Aquarium. Einrichtung, Pflege und Fische für Süß- und Meerwasser. (4029) Von Hans J. Mayland. 334 S. mit über 415 Farbabbildungen u. Farbtafeln sowie 150 Zeichnungen u. Skizzen, Balacron mit vierfarbigem Schutzumschlag, abwaschbare Polyleinprägung, **DM 36,–**
Das Süßwasser-Aquarium. Einrichtung – Pflege – Fische – Pflanzen. (0153) Von W. Baehr und H. J. Mayland, 132 Seiten, 163 Zeichnungen und 8 Farbtafeln, kartoniert, **DM 7,80**
Das Meerwasser-Aquarium. Einrichtung – Pflege – Fische und niedere Tiere. (0281) Von Hans J. Mayland, 146 Seiten, 258 Abbildungen, davon 30 farbig, kartoniert, **DM 9,80**
Aquarienpflanzen. Alles über den Unterwassergarten. (5032) Von Hans J. Mayland, 64 Seiten, über 100 Farbfotos und Zeichnungen, Pappband, **DM 14,80**
Aquarienfische des tropischen Süßwassers. (5003) Von Hans J. Mayland, 64 Seiten, 98 Farbabbildungen, Pappband, **DM 9,80**
Süßwasser-Aquaristik. Exotische Welt im Glas. (5080) Von Lothar Scheller, 64 Seiten, 67 Farbfotos und Zeichnungen, Pappband, **DM 12,80**
Süßwasser-Aquarienfische (4212) Von Burkard Kahl, 96 Seiten, 108 großformatige Farbfotos, Pappband, **DM 19,80**
Das Terrarium. (4069) Von Burkard Kahl, Paul Gaupp, Dr. Günter Schmidt, 336 S., mit 215 farb. Abb., gbd., mit vierfarb. Schutzumschl., **DM 39,–**
Amphibien und Reptilien im Terrarium. Lebensgewohnheiten – Arten – Pflege. (5056) Von Kurt Rimpp, 64 Seiten, 70 Farbabbildungen, 19 Zeichnungen, durchgehend vierfarbig, Pappband, **DM 12,80**
Die lieben Haustiere. (5023) Von Justus Pfaue, 92 Seiten mit vielen Abbildungen, kartoniert, **DM 12,80**
Das neue Hundebuch. (0009) Von W. Busack, überarbeitet von Dr. med. vet. A. Hacker, 104 Seiten, zahlreiche Abbildungen auf Kunstdrucktafeln, kartoniert, **DM 6,80**
Hunde-Ausbildung. Verhalten – Gehorsam – Abrichtung. (0346) Von Prof. Dr. R. Menzel, 96 Seiten, 18 Fotos, kartoniert, **DM 7,80**
Der deutsche Schäferhund. (0073) Von Dr. Hacker, 104 Seiten, 24 Abbildungen auf Kunstdrucktafeln, kartoniert, **DM 6,80**
Falken-Handbuch Der Deutsche Schäferhund. (4077) Von Ursula Förster, ca. 240 Seiten, ca. 150 farbige und schwarzweiße Abbildungen sowie Zeichnungen, gebunden mit Schutzumschlag, ca. **26,80***
Hunde. Rassen – Erziehung – Haltung. (4209) Von Horst Bielfeld, 96 Seiten, 101 großformatige Farbfotos, Pappband, **DM 19,80**
Das neue Katzenbuch. Rassen – Aufzucht – Pflege. (0427) Von Brigitte Eilert-Overbeck, 128 Seiten, 14 Farbfotos und 26 schwarzweiß, kartoniert, **DM 7,80**
Katzen. Rassen · Haltung. Pflege · (4216) Von Brigitte Eilert-Overbeck, 96 Seiten, 82 großformatige Farbfotos, Pappband, **DM 19,80**
Vögel. Ein Beobachtungs- und Bestimmungsbuch. (0290) Von Dr. Winfried Potrykus, mit Zeichnungen von Ursula Grawert, 120 Seiten, 233 Abbildungen, davon 160 farbig, Pappband, **DM 12,80**
Ziervögel in Haus und Voliere. Arten – Verhalten – Pflege. (0377) Von Horst Bielfeld, 144 Seiten, 32 Farbfotos, kartoniert, **DM 9,80**
Schmetterlinge. Tagfalter Mitteleuropas erkennen und benennen. (0510) Von Thomas Ruckstuhl, 136 Seiten, ca. 100 Farbfotos, kartoniert, ca. **DM 14,80***
Ponys. Rassen, Haltung, Reiten (4205) Von Stefan Braun, 96 Seiten mit 84 Farbabbildungen, Pappband **DM 19,80**

* Neuerscheinung. Preise waren bei Druckbeginn noch nicht endgültig festgelegt.

Essen und Trinken

Selbst Brotbacken mit über 50 erprobten Rezepten. (0370) Von Jens Schiermann, 80 Seiten, 6 Zeichnungen, 4 Farbtafeln, kartoniert, **DM 6,80**
Brotspezialitäten backen und kochen (5088) Von Jack W. Hochscheid, Lutz Helger, 64 S., mit 50 Farbfotos, Pbd., **DM 9,80**
Schönes Hobby: Backen. Erprobte Rezepte mit modernen Backformen. (0451) Von Elke Blome, 96 Seiten, 8 Farbtafeln, kartoniert, **DM 6,80**
Waffeln süß und pikant. (0522) Von Christiane Stephan, 64 Seiten, 4 Farbtafeln, kartoniert, **DM 6,80**
Kleingebäck. Plätzchen – Kekse – Guetzli (5089) Von Margrit Gutta, 64 S., mit 50 Farbfotos, Pbd., **DM 9,80**
Kuchen und Torten. (5067) Von Klaus Groth, 64 Seiten mit 42 Abbildungen, durchgehend vierfarbig, Pbd., **DM 9,80**
Gesunde Kost aus dem Römertopf. (0442) Von Jutta Kramer, 128 Seiten, 8 Farbtafeln, 13 Zeichnungen, kartoniert, **DM 7,80**
Gesund kochen – wasserarm und fettfrei. (4060) Von Margrit Gutta, 240 Seiten, 16 Farbtafeln, Pappband, **DM 19,80**
Salate für alle Gelegenheiten. (5002) Von Elke Fuhrmann, 64 Seiten, 47 Abbildungen, durchgehend vierfarbig, Pappband, **DM 9,80**
88 köstliche Salate. (0222) Von Christine Schönherr, 104 Seiten, 8 Farbtafeln, kartoniert, **DM 6,80**
Miekes Kräuter- und Gewürzkochbuch. (0323) Von Irmgard Persy und Klaus Mieke, 96 Seiten, 8 Farbtafeln, kartoniert, **DM 6,80**
Natursammlers Kochbuch. Wildfrüchte und -gemüse, Pilze, Kräuter – finden und zubereiten. (4040) Von Christa-Maria Kerler, 140 Seiten, 12 Farbtafeln, Pbd. mit vierfarbigem Überzug, **DM 19,80**
Kräuter- und Heilpflanzen-Kochbuch. (4066) Von Pia Pervenche, 152 Seiten, 15 Farbtafeln, in flexiblem Karton gebunden, **DM 9,80**
Garen im Herd. Rezepte für Brattöpfe. (0345) Von Eva Exner, 96 Seiten, 8 Farbtafeln, kartoniert, **DM 6,80**
Schnell gekocht – gut gekocht mit vielen Rezepten für Schnellkochtöpfe und Schnellbratpfannen. (0265) Von Irmgard Persy, 96 Seiten, 8 Farbtafeln, kartoniert, **DM 6,80**
Soßen. Die Krönung der feinen Küche. (0357) Von Giovanni Cavestri, 100 Seiten, 14 Farbtafeln, kartoniert, **DM 9,80**
Hobby-Kochbuch für Tiefkühlkost. Bunte TK-Fibel. (0302) Von Ruth Vollmer-Ruprecht, 104 Seiten, 8 Farbtafeln, kartoniert, **DM 6,80**
Einkochen nach allen Regeln der Kunst. (0405) Von Birgit Müller, 96 Seiten, 8 Farbtafeln, kartoniert, **DM 6,80**
Alles über Einkochen, Einlegen, Einfrieren. (4055) Von Birgit Müller, 152 Seiten, 15 Farbtafeln, in flexiblem Karton gebunden, **DM 9,80**
Alles mit Obst. Einkochen – Einlegen – Einfrieren. (0364) Von M. Hoff und B. Müller, 96 Seiten, 8 Farbtafeln, kartoniert, **DM 6,80**
Das neue Mikrowellen-Kochbuch (0434) Von Hermann Neu, 64 Seiten, 4 Farbtafeln, kartoniert, **DM 5,80**
Heißluftherde. Vorteile, Gebrauchsanleitung, Rezepte. (0516) Von Christel Kölmel, ca. 80 Seiten, kartoniert, ca. **DM 6,80***
Fritieren – neu – geruchlos, schmackhaft und gesund. (0365) Von Marianne Bormio, 96 Seiten, 8 Farbtafeln, kartoniert, **DM 6,80**
Fondues. (5006) Von Eva Exner, 64 Seiten, 50 Abbildungen, durchgehend vierfarbig, Pappband, **DM 9,80**
Fondues und fritierte Leckerbissen (0471) Von Stefanie Stein, 80 S., 8 Farbtafeln, kartoniert, **DM 6,80**
Rezepte rund um Raclette und Hobby-Rechaud. (0420) Von Jack W. Hochscheid, 72 Seiten, 8 Farbtafeln, kartoniert, **DM 7,80**
Die neue Grillküche. Garen und backen im Quarz-Grill. (0419) Von Marianne Bormio, 80 Seiten, 8 Farbtafeln, kartoniert, **DM 7,80**
Grillen mit dem Kontaktgrill. (0441) Von Birgit Müller, 80 Seiten, 8 Farbtafeln und 29 Zeichnungen, kartoniert, **DM 7,80**
Leckereien vom Spieß und Grill. (0169) Von J. Zadar, 80 Seiten, 13 Abbildungen, kartoniert, **DM 5,80**
Grillen – drinnen und draußen. (4032) Von Claus Arius, 160 Seiten, 35 Farbabbildungen, gebunden, **DM 19,80**
Grillen – drinnen und draußen. (4047) Von Claus Arius, 152 Seiten, 30 Farbtafeln, in flexiblem Karton gebunden, **DM 9,80**
Grillen. (5001) Von Inge Zechmann, 64 Seiten, 38 Abbildungen, durchgehend vierfarbig, Pappband, **DM 9,80**
Max Inzingers 111 beste Rezepte. (4041) Von Max Inzinger, 124 Seiten, 35 Farbtafeln, kartoniert, **DM 19,80**
(4042) Gebundene Luxusausgabe mit Balacron und Goldprägung, **DM 26,–**

Der lachende Feinschmecker. Fred Metzlers Rezepte mit Pointen (0475) Von Fred Metzler, 136 S., mit Zeichnungen von Ferry Ahrlé, Pappband, **DM 12,80**
Kulinarische Genüsse für Verliebte. (4071) Von Claus Arius, ca. 112 Seiten, 16 Farbtafeln, gebunden, mit Schutzumschlag, ca. **DM 19,80***
Kalte Platten. (4064) Von Maître Pierre Pfister, 240 Seiten, 135 großformatige Farbfotos, gebunden, mit vierfarbigem Schutzumschlag, **DM 48,–**
Kalte Happen. und Partysnacks (5029) Von Dolly Peters, 64 Seiten, 35 vierfarbige Abbildungen, Pbd., **DM 9,80**
Kalte Platten – Kalte Büffets. (5015) Von Margrit Gutta, 64 Seiten, durchgehend vierfarbig mit 34 Farbabbildungen, Pbd., **DM 9,80**
Kleine kalte Küche für Alltag und Feste. (5097) Von Anneliese und Gerhard Eckert, 64 Seiten, 45 Farbfotos, Pappband, **DM 9,80**
Kalte und warme Vorspeisen. einfach · herzhaft · raffiniert (5045) Von Karin Iden, 64 Seiten, 43 vierfarbige Abbildungen, Pbd., **DM 9,80**
Desserts. (5020) Von Margrit Gutta, 64 Seiten mit 38 Abbildungen, durchgehend vierfarbig, Pbd., **DM 9,80**
Fischküche. kalt und warm · mild und herzhaft (5052) Von Heidrun Gebhardt, 64 Seiten, 36 Abbildungen, durchgehend vierfarbig, Pbd., **DM 9,80**
Raffinierte Steaks. und andere Fleischgerichte (5043) Von Gerhard Eckert, 64 Seiten, 37 vierfarbige Abbildungen, Pbd., **DM 9,80**
Wild und Geflügel. (4056) Von Christine Schönherr, 256 Seiten, 122 großformatige Farbfotos, gebunden, mit vierfarbigem Schutzumschlag, **DM 48,–**
Geflügel. Die besten Rezepte aus aller Welt. (5050) Von Margrit Gutta, 64 Seiten, 32 Abbildungen, durchgehend vierfarbig, Pappband, **DM 9,80**
Köstliche Pizzas, Toasts, Pasteten. (5081) Von Anneliese und Gerhard Eckert, 64 Seiten, 48 Farbfotos, Pappband, **DM 9,80**
Die besten Eintöpfe und Aufläufe. (5079) Von Anneliese und Gerhard Eckert, 64 Seiten, 49 Farbfotos, Pappband, **DM 9,80**
Nudelgerichte – lecker, locker, leicht zu kochen. (0466) Von Christiane Stephan, 80 Seiten, 8 Farbtafeln, kartoniert, **DM 6,80**
Der schön gedeckte Tisch. (5005) Von Rolf Stender, 64 Seiten, 60 Abbildungen, durchgehend vierfarbig, Pappband, **DM 9,80**
Chinesisch kochen. (5011) Von Karl-Heinz Haß, 64 Seiten, 33 Farbabbildungen, Pbd., **DM 9,80**
Ostasiatische Küche schmackhaft und bekömmlich (5066) Von Taki Sozuki, 64 Seiten, mit 38 Abbildungen, durchgehend vierfarbig, Pbd., **DM 9,80**
Japanische Küche schmackhaft und bekömmlich (5087) Von Hiroko Toi, 64 S., mit ca. 50 Farbfotos, Pbd., **DM 9,80***
Deutsche Spezialitäten. (5025) Von R. Piwitt, 64 Seiten, 37 Abbildungen, durchgehend vierfarbig, Pbd., **DM 9,80**
Italienische Küche. (5026) Von Margrit Gutta, 64 Seiten, 33 Abbildungen, durchgehend vierfarbig, Pbd., **DM 9,80**
Französisch kochen. (5016) Von Margrit Gutta, 64 Seiten, durchgehend vierfarbig mit 35 Farbabbildungen, Pbd., **DM 9,80**
Spanische Küche. (5037) Von Margrit Gutta, 64 Seiten, 35 Abbildungen, durchgehend vierfarbig, Pappband, **DM 9,80**
Nordische Küche. Speisen und Getränke von der Küste. (5082) Von Jutta Kürtz, 64 Seiten, 44 Farbfotos, Pappband, **DM 9,80**
Dänische Küche. Nordische Tafelfreuden (5086) Von Holger Hofmann, 64 S., mit 50 Farbfotos, Pbd., **DM 9,80**

Rund um den Rum. Von der Feuerzangenbowle zum Karibiksteak. (5053) Von Holger Hofmann, 64 Seiten, 32 Abbildungen, durchgehend vierfarbig, Pappband, **DM 9,80**
Großes Getränkebuch. Wein · Sekt · Bier und Spirituosen aus aller Welt, pur und gemixt. (4039) Von Claus Arius, 288 Seiten mit Register, 179 teils großformatige Farbfotos, Balacron mit farbigem celloph. Schutzumschlag, Schuber, **DM 58,–**
Cocktails und Mixereien. (0075) Von J. Walker, 104 Seiten, 25 Zeichnungen, kartoniert, **DM 5,80**
Neue Cocktails und Drinks mit und ohne Alkohol. (0517) Von Siegfried Späth, 128 Seiten, 4 Farbtafeln, Pappband, **DM 9,80**
Mixen mit und ohne Alkohol. (5017) Von Holger Hofmann, 64 Seiten, 35 Abbildungen, durchgehend vierfarbig, Pappband, **DM 9,80**
Tee für Genießer. (0356) Von Marianne Nicolin, 64 Seiten, 4 Farbtafeln, kartoniert, **DM 5,80**
Tee. Herkunft · Mischungen · Rezepte. (0515) Von Sonja Ruske, 96 Seiten, 4 Farbtafeln und viele Abbildungen, Pappband, **DM 9,80**
Rund um den Kaffee (0492) Von Holger Hofmann, ca. 96 S., mit 8 Farbtafeln, kartoniert, ca. **DM 6,80***

* Neuerscheinung. Preise waren bei Druckbeginn noch nicht endgültig festgelegt.

Gesundheit und Schönheit

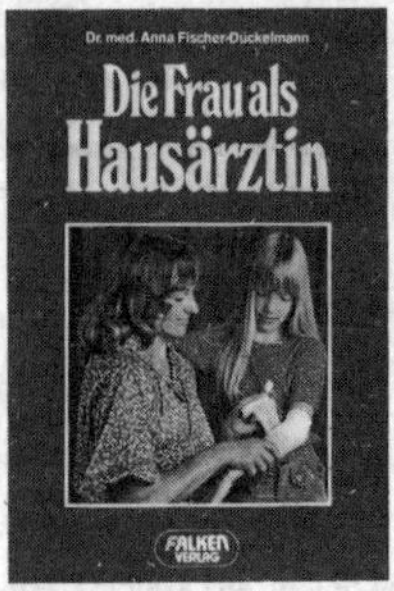

Der praktische Hausarzt. (4011) Unter Mitarbeit zahlreicher Fachärzte, koordiniert von Dr. Eric Weiser, 718 Seiten, 487 Abbildungen und 16 Farbtafeln, **DM 19,80**
Die Frau als Hausärztin. (4072) Von Dr. med. Anna Fischer-Dückelmann, 808 S., 16 Farbt., 174 Fotos, 238 Zeichn., Subskriptionspreis bis 30. 4. 80 **DM 49,80,** danach **DM 58,–**
Neue Rezepte für **Diabetiker-Diät.** Vollwertig – abwechslungsreich – kalorienarm. (0418) Von Monika Oehlrich, 120 Seiten, 8 Farbtafeln, kartoniert, **DM 9,80**
Schonkost heute. Vollwertige Ernährung für Gesunde und Magen-, Darm-, Galle-, Leber-Diät. (0360) Von Monika Oehlrich und Ulrike Schubert, 140 Seiten, 8 Farbtafeln, kartoniert, **DM 9,80**
Computer-Menüs zum Schlankwerden. Die 1000-Kalorien-Kost aus dem Computer. (0317) Von Dr. Maria Wagner und Ulrike Schubert, 92 Seiten mit vielen Tabellen, kartoniert, **DM 6,80**
Die neue leckere Diätküche. (5034) Von Ulrike Schubert, 64 Seiten, 30 Rezeptfotos, Pappband, **DM 9,80**
Die Brot-Diät – der Schlankheitsplan ohne Extreme. (0452) Von Prof. Dr. Erich Menden und Waltraute Aign, 92 Seiten, 8 Farbtafeln, kartoniert, **DM 6,80**
Kalorien · Joule. Eiweiß – Fett – Kohlehydrate tabellarisch nach gebräuchlichen Mengen. (0374) Von Marianne Bormio, 88 Seiten, kartoniert, **DM 4,80**
Rohkost – abwechslungsreich – schmackhaft – gesund. (5044) Von Ingrid Gabriel, 64 Seiten, 40 Abbildungen, durchgehend vierfarbig, Pappband, **DM 9,80**
Alles mit Joghurt. tagfrisch selbstgemacht mit vielen Rezepten (0382) Von Gerda Volz, 88 Seiten, 8 Farbtafeln, kartoniert, **DM 7,80**
Koch' mit Köpfchen. Iß das Richtige zum Schlankwerden. (0421) Von Max Inzinger, 92 Seiten, kartoniert, **DM 7,80**
Das große Hausbuch der Naturheilkunde. (4052) Von Gerhard Leibold, 386 Seiten, 18 Farbfotos und 8 schwarzweiß, 196 Zeichnungen, gebunden mit vierfarbigem Schutzumschlag, **DM 34,–**
Heilkräfte der Natur. (4203) Von Kurt Blüchel, 96 Seiten, 85 Abbildungen, durchgehend vierfarbig, Pappband, **DM 19,80**
Falken-Handbuch Heilkräuter, Modernes Lexikon der Pflanzen und Anwendungen. (4076) Von Gerhard Leibold, 392 Seiten, 183 Farbfotos, gebunden, mit Schutzumschlag, **DM 29,80**
Schönheitspflege. Kosmetische Tips für jeden Tag. (0493) Von Heide Zander, 96 Seiten, Abbildungen, kartoniert, ca. **DM 7,80***
Gesünder schlafen aber wie? (0494) Von Rolf Faller, 96 Seiten, 11 Farbfotos, kartoniert, **DM 8,80**
Eigenbehandlung durch Akupressur. Heilwirkungen – Energielehre – Meridiane. (0417) Von Gerhard Leibold, 152 Seiten, 78 Abbildungen, kartoniert, **DM 9,80**
Hypnose und Autosuggestion. Methoden – Heilwirkungen – Praktische Beispiele (0483) Von Gerhard Leibold, 116 S., kartoniert, **DM 7,80**
Gesund und fit durch Gymnastik. (0366) Von Hannelore Pilss-Samek, 132 Seiten, 150 Abbildungen, kartoniert, **DM 7,80**
10 Minuten täglich **Tele-Gymnastik.** (5102) Von Beate Mentz und Kafi Biermann, ca. 128 Seiten, ca. 300 Abbildungen, kartoniert, ca. **DM 12,80***
Yoga gegen Haltungsschäden und Rückenschmerzen. Krokodil-Übungen für jung und alt. (0394) Von Alois Raab, 104 Seiten, 215 Abbildungen, kartoniert, **DM 5,80**
Gesundheit und Spannkraft durch Yoga. (0321) Von Dr. Lothar Frank und Ursula Ebbers, 120 Seiten, 50 Fotos, kartoniert, **DM 6,80**
Yoga für Jeden mit Kareen Zebroff. (0341) 156 Seiten, 135 Abbildungen, kartoniert mit Spiralbindung **DM 20,–**
Yoga für Liebhaber (4112) Von John Champ, 60 S., durchgehend vierfarb., mit großform. Fotos, **DM 24,80**
Schön, schlank und fit mit Kareen Zebroff. (0371) 176 Seiten, 126 Abbildungen, kartoniert, **DM 20,–**
Yoga für Mütter und Kinder. (0349) Von Kareen Zebroff, 128 Seiten, 139 Abbildungen, kartoniert, **DM 18,–**

* Neuerscheinung. Preise waren bei Druckbeginn noch nicht endgültig festgelegt.

Briefsteller

Erfolgreiche Kaufmanns-Praxis. Wirtschaftliche Grundlagen, Geld, Kreditwesen, Steuern, Betriebsführung, Recht, EDV (4046) Von Wolfgang Göhler, Herbert Gölz, Manfred Heibel, Dr. Detlev Machenheimer, mit einem Vorwort von Dr. Karl Obermayr, 544 Seiten, geb. mit Schutzumschlag, **DM 34,–**
Moderne Korrespondenz. (4014) Von H. Kirst und W. Manekeller, 570 Seiten, gebunden, **DM 39,–**
Behördenkorrespondenz. Musterbriefe – Anträge – Einsprüche. (0412) Von Elisabeth Ruge, 120 Seiten, kartoniert, **DM 6,80**

Geschäftliche Briefe des Handwerkers und Kaufmanns. (0041) Von A. Römer, 96 Seiten, kartoniert, **DM 5,80**
Privatbriefe Muster für alle Gelegenheiten (0114) Von Irmgard Wolter-Rosendorf, ca. 96 S., kartoniert, **DM 6,80**
Worte und Briefe der Anteilnahme. (0464) Von Elisabeth Ruge, 127 Seiten, mit Abbildungen, kartoniert, **DM 6,80**
Der neue Briefsteller. (0060) Von I. Wolter-Rosendorf, 112 Seiten, kartoniert, **DM 5,80**
Musterbriefe für alle Gelegenheiten. (0231) Herausgegeben von Olaf Fuhrmann, 248 Seiten, kartoniert, **DM 9,80**
Die erfolgreiche Bewerbung. (0173) Von W. Manekeller, 152 Seiten, kartoniert, **DM 8,80**
Erfolgreiche Bewerbungsbriefe und Bewerbungsformen. (0138) Von W. Manekeller, 88 Seiten, kartoniert, **DM 4,80**
Lebenslauf und Bewerbung. Beispiele für Inhalt, Form und Aufbau (0428) Von Hans Friedrich, 112 Seiten, kartoniert, **DM 5,80**
Die Redekunst, Redetechnik, Rednererfolg. (0076) Von Kurt Wolter, überarbeitet von Dr. W. Tappe, 80 Seiten, kartoniert, **DM 4,80**
Großes Buch der Reden und Ansprachen für jeden Anlaß. (4009) Herausgegeben von F. Sicker, 468 Seiten, Lexikonformat, Ganzleinen, **DM 39,–**
Festreden und Vereinsreden. (0069) Von K. Lehnhoff und E. Ruge, 88 Seiten, kartoniert, **DM 4,80**

* Neuerscheinung. Preise waren bei Druckbeginn noch nicht endgültig festgelegt.

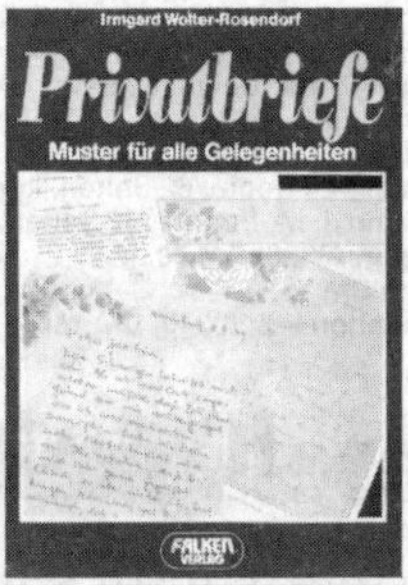

Fortbildung und Beruf

Maschinenschreiben durch Selbstunterricht Band 1. (0170) Von A. Fonfara, 84 Seiten mit vielen Abbildungen, kartoniert, **DM 4,80**
Maschinenschreiben durch Selbstunterricht Band 2. (0252) Von Hanns Kaus, 84 Seiten, kartoniert, **DM 5,80**
Stenografie – leicht gelernt. (0266) Von Hanns Kaus, 64 Seiten, kartoniert, **DM 5,80**
Buchführung leicht gefaßt. (0127) Von R. Pohl, 104 Seiten, kartoniert, **DM 7,80**
Rechnen aufgefrischt. (0100) Von H. Rausch, 108 Seiten, kartoniert, **DM 6,80**
Aufgaben lösen und **Spiele mit dem Taschenrechner.** (5060) Von Peter Fleischhauer, Fernsehbegleitbuch, 120 Seiten, 55 Abbildungen und Zeichnungen, kartoniert, **DM 9,80**
Schülerlexikon der Mathematik. Formeln, Übungen und Begriffserklärungen für die Klassen 5–10. (0430) Von Robert Müller, 176 Seiten, 96 Zeichnungen, kartoniert, **DM 9,80**
Mathematische Formeln für Schule und Beruf. Mit Beispielen ud Erklärungen. (0499) Von Robert Müller, ca. 160 Seiten, 210 Zeichnungen, kartoniert, ca. **DM 9,80***
Aufsätze besser schreiben. Förderkurs für die Klassen 4–10. (0429) Von Kurt Schreiner, 144 Seiten, 4 Fotos und 27 Zeichnungen, kartoniert, **DM 9,80**
Diktate besser schreiben. Übungen zur Rechtschreibung für die Klassen 4 bis 8. (0469) Von Kurt Schreiner, 149 Seiten, kartoniert, **DM 9,80**
Wie behandle ich meinen Chef? (5030) Von Dr. Bernd Gasch und Ulrike Hess, 88 Seiten mit Karikaturen, kartoniert, **DM 9,80**
Einmaleins der Demokratie im sozialen Verwaltungsstaat. (0407) Von Prof. Dr. Richard Bartlsperger, 128 Seiten mit Grafiken und Abbildungen, kartoniert, **DM 9,80**

* Neuerscheinung. Preise waren bei Druckbeginn noch nicht endgültig festgelegt.

Glückwünsche

Trinksprüche, Richtsprüche, Gästebuchverse. (0224) Von D. Kellermann, 80 Seiten, kartoniert, **DM 4,80**
Neue Glückwunschfibel für Groß und Klein. (0156) von Renée Christian-Hildebrandt, 96 Seiten, kartoniert, **DM 4,80**
Großes Buch der Glückwünsche. (0255) Herausgegeben von Olaf Fuhrmann, 240 Seiten, 64 Zeichnungen und viele Gestaltungsvorschläge, kartoniert, **DM 9,80**
Glückwunschverse für Kinder. (0277) Von B. Ulrici, 80 Seiten, kartoniert, **DM 4,80**
Verse fürs Poesiealbum. (0241) Von Irmgard Wolter, 96 Seiten, 20 Abbildungen, kartoniert, **DM 4,80**
Rosen, Tulpen, Nelken . . . **Beliebte Verse fürs Poesiealbum** (0431) Von Waltraud Pröve, 96 Seiten mit Faksimile-Abbildungen, kartoniert, **DM 5,80**
Hochzeitszeitungen. Mit vielen Text- und Gestaltungsanregungen. (0288) Von Hans-Jürgen Winkler, 104 Seiten, 15 Abbildungen, 1 Musterzeitung, kartoniert, **DM 6,80**
Glückwünsche, Toasts und Festreden zur Hochzeit. (0264) Von Irmgard Wolter, 88 Seiten, kartoniert, **DM 4,80**
Kindergedichte zur Grünen, Silbernen und Goldenen Hochzeit. (0318) Von Hans-Jürgen Winkler, 104 Seiten, 20 Abbildungen, kartoniert, **DM 5,80**

Deutsch für Ausländer

Deutsch für Ausländer im Selbstunterricht. Ausgabe für Spanier. (0253) Von Juan Manuel Puente und Ernst Richter, 136 Seiten, 62 Zeichnungen, kartoniert, **DM 9,80**
Deutsch für Ausländer im Selbstunterricht. Ausgabe für Italiener. (0254) Von Italo Nadalin und Ernst Richter, 156 Seiten, 62 Zeichnungen, kartoniert, **DM 9,80**
Deutsch für Ausländer im Selbstunterricht. Ausgabe für Jugoslawen. (0261) Von I. Hladek und Ernst Richter, 132 Seiten, 62 Zeichnungen, kartoniert, **DM 9,80**
Deutsch für Ausländer im Selbstunterricht. Ausgabe für Türken. (0262) von B. I. Rasch und Ernst Richter, 136 Seiten, 62 Zeichnungen, kartoniert, **DM 9,80**
Deutsch – Ihre neue Sprache. Grundbuch. (0327) Von H. J. Demetz und J. M. Puente, 204 Seiten mit über 200 Abbildungen, kartoniert, **DM 14,80**
Deutsch – Ihre neue Sprache. Lehrerheft. (0328) Von H. J. Demetz und J. M. Puente, 48 Seiten, kartoniert, **DM 5,80**
Glossar **Italienisch.** (0329) Von H. J. Demetz und J. M. Puente, 62 Seiten, kartoniert, **DM 6,80**
Glossar **Spanisch.** (0330) Von H. J. Demetz und J. M. Puente, 62 Seiten, kartoniert, **DM 6,80**
Glossar **Serbo-kroatisch.** (0331) Von H. J. Demetz und J. M. Puente, 62 Seiten, kartoniert, **DM 6,80**
Glossar **Türkisch.** (0332) Von H. J. Demetz und J. M. Puente, 62 Seiten, kartoniert, **DM 6,80**
Glossar **Griechisch.** (0333) Von H. J. Demetz und J. M. Puente, 62 Seiten, kartoniert, **DM 6,80**
Glossar **Portugiesisch.** (0334) Von H. J. Demetz und J. M. Puente, 62 Seiten, kartoniert, **DM 6,80**
Glossar **Arabisch.** (0335) Von H. J. Demetz und J. M. Puente, 62 Seiten, kartoniert, **DM 6,80**
Glossar **Englisch.** (0336) Von H. J. Demetz und J. M. Puente, 62 Seiten, kartoniert, **DM 6,80**
Glossar **Französisch.** (0337) Von H. J. Demetz und J. M. Puente, 62 Seiten, kartoniert, **DM 6,80**
Tonband 13 cm, 9,5 cm/sec., 91 Min., Doppelspur. (0338) **DM 89,–**
2 Compact-Cassetten, 90 Min., einspurig. (0339) **DM 36,–**
135 Diapositive, Texterschließung der Lerneinheiten I–X. (0340) **DM 180,–**

Geselligkeit

Der Gute Ton. Ein moderner Knigge (0063) Von Irmgard Wolter, 168 Seiten, 38 Zeichnungen, kartoniert, **DM 7,80**
Neue Spiele für Ihre Party. (2022) Von Gerda Blechner, mit vielen Zeichnungen von Fee Buttig, 120 Seiten, kartoniert, **DM 7,80**
Partytänze – Partyspiele. (5049) Von Wally Kaechele, 94 Seiten mit 104 Fotos, herausgegeben von der »tanz-illustrierten«, Pbd., **DM 12,80**
Wir geben eine Party. (0192) Von Elisabeth Ruge, 88 Seiten, 8 Farbtafeln, 23 Zeichnungen, kartoniert, **DM 6,80**
So feiert man Feste fröhlicher. (0098) Von Dr. Allos, 96 Seiten, 15 Abbildungen, kartoniert, **DM 5,80**
Tischkarten und Tischdekorationen. (5063) Von Gabriele Vocke, 64 Seiten, 79 Abbildungen, durchgehend vierfarbig, Pappband, **DM 9,80**
Lustige Tanzspiele und Scherztänze. (0165) Von E. Bäulke, 80 Seiten, 53 Abbildungen, kartoniert, **DM 4,80**
Wir lernen tanzen mit dem Ehepaar Fern. (0200) Von Ernst und Helga Fern, 168 Seiten, 125 Fotos und 46 Schrittdiagramme, kartoniert, **DM 8,80**
Tanzstunde. Die 11 Tänze des Welttanzprogramms (5018) Von Gerd Hädrich, 120 Seiten, 372 Fotos und Schrittskizzen, Pbd., **DM 15,–**
Tanzstunde 2. Figuren für Fortgeschrittene. (5027) Von Gerd Hädrich, 72 Seiten, 233 Abbildungen, Pappband, **DM 10,–**
Disco-Tänze (0491) Von Barbara und Felicitas Weber, 104 S., 104 Abbildungen, kartoniert, **DM 6,80**
Sing mit Fischer. (0422) Herausgegeben vom Freundeskreis der Fischer-Chöre, 176 Seiten, 16 Farbtafeln, kartoniert, **DM 9,80**
Die schönsten Volkslieder. (0432) Von Dietmar Walther, 128 Seiten, mit Notenbeispielen und Zeichnungen, kartoniert, **DM 4,80**
Die schönsten Wander- und Fahrtenlieder. (0462) Herausgegeben von Franz R. Miller, 80 Seiten, mit Noten, kartoniert, **DM 4,80**
Die schönsten Berg- und Hüttenlieder. (0514) Herausgegeben von Franz R. Miller, empfohlen vom Deutschen Sängerbund, ca. 128 Seiten, viele Zeichnungen, kartoniert, ca. **DM 4,80***

* Neuerscheinung. Preise waren bei Druckbeginn noch nicht endgültig festgelegt.

Denksport

Der große Rätselknacker. (4022) Über 100 000 Rätselfragen, zusammengestellt von H. J. Winkler, 544 Seiten, Lexikonformat, kartoniert, **DM 19,80**
Großes Rätsel-ABC. (0246) Von H. Schiefelbein, 416 Seiten, gebunden, **DM 16,80**
Rätsel lösen – ein Vergnügen. (0182) Von E. Maier, 240 Seiten, kartoniert, **DM 9,80**
Quiz. (0129) Von R. Sautter und W. Pröve, 92 Seiten, 9 Zeichnungen, kartoniert, **DM 5,80**
Denksport und Schnickschnack für Tüftler und fixe Köpfe. (0362) Von Jürgen Barto, 100 Seiten, 45 Abbildungen, kartoniert, **DM 6,80**
Knobeleien und Denksport. (2019) Von Klas Rechberger, 142 Seiten mit vielen Zeichnungen, kartoniert, **DM 7,80**
Rate mal. Scherzfragen, Ratespiele und -geschichten. (2023) Von Felicitas Buttig, 112 Seiten, 19 Zeichnungen, kartoniert, **DM 9,80**
Scherzfragen, Drudeln und Blödeleien gesammelt von Kindern. (0506) Herausgegeben von Waltraud Pröve, 112 Seiten, 57 Zeichnungen, kartoniert, **DM 5,80**

* Neuerscheinung. Preise waren bei Druckbeginn noch nicht endgültig festgelegt.

Humor

Die besten Witze und Cartoons des Jahres. (0454) Herausgegeben von Karl Hartmann, 288 Seiten, 125 Zeichnungen, gebunden, mit Schutzumschlag, **DM 12,80**
Die besten Witze und Cartoons des Jahres. 2 (0488) Von Karl Hartmann, 288 S., mit zahlr. Zeichnungen, gbd. mit vierfarb. Schutzumschl., **DM 9,80**
Die besten Ärztewitze. (0399) zusammengestellt von Britta Zorn, 272 Seiten mit 42 Karikaturen von Ulrich Fleischhauer, mit vierfarbigem Schutzumschlag, gebunden, **DM 14,80**
Das große Buch der Witze. (0384) 320 Seiten, 36 Zeichnungen von E. Holz, vierfarbiger Schutzumschlag, gebunden, **DM 12,80**
Olympische Witze. Sportlerwitze in Wort und Bild. (0505) Von Wolfgang Willnat, 112 Seiten, 126 Zeichnungen, kartoniert, **DM 5,80**
Die besten Ostfriesenwitze. (0495) Herausgegeben von Onno Freese, 112 Seiten, 17 Zeichnungen, kartoniert, **DM 5,80**
Ostfriesen Allerlei. (0381) Von Timm Bruhns, 104 Seiten, Taschenbuchformat, kartoniert, **DM 4,80**
Fred Metzlers Witze mit Pfiff. (0368) 120 Seiten, Taschenbuchformat, kartoniert, **DM 5,80**
O frivol ist mir am Abend. Pikante Witze von Fred Metzler (0388) Von Fred Metzler, 128 Seiten mit Karikaturen (Taschenbuchformat) kartoniert, **DM 5,80**
Lachen, Witz und gute Laune. (0149) Von E. Müller, 104 Seiten, 44 Abbildungen, kartoniert, **DM 6,80**
Vergnügliches Vortragsbuch. (0091) Von J. Plaut, dem Altmeister des Humors, 192 Seiten, kartoniert, **DM 7,80**
Humor und Stimmung. Ein heiteres Vortragsbuch. (0460) Von Günter Wagner, 112 Seiten, kartoniert, **DM 6,80**
Witze am laufenden Band. (0461) Von Fips Asmussen, 117 Seiten, kartoniert, **DM 5,80**
Lach mit! Witze für Kinder, gesammelt von Kindern. (0468) Herausgegeben von Waltraud Pröve, 128 Seiten, mit Abbildungen, kartoniert, **DM 5,80**
Die besten Tierwitze. (0496) Herausgegeben von Peter Hartlaub und Silvia Pappe, 112 Seiten, 25 Zeichnungen, kartoniert, **DM 5,80**
Witzig, witzig. (0507) Von Erich Müller, 112 Seiten, Zeichnungen, kartoniert, **DM 5,80**
Kritik des Herzens – Gedichte. (3032) Von Wilhelm Busch, 100 Seiten, gebunden, **DM 9,80**
Wilhelm-Busch-Album. Jubiläumsausgabe mit 1700 farbigen Bildern. (3028) 408 Seiten, 1700 durchgehend farbige Bilder, Großformat, in Leinen gebunden, **DM 36,–**
Humoristischer Hausschatz. (3062) Von Wilhelm Busch, 368 Seiten, 1600 Abbildungen, Großformat, gebunden, **DM 19,80**
Robert Lembkes Witzauslese. (0325) Erzählt von Robert Lembke, 160 Seiten, mit 10 Zeichnungen von E. Köhler, gebunden, mit vierfarbigem Schutzumschlag, **DM 14,80**
Lustige Vorträge für fröhliche Feiern, Sketsche, Vorträge und Conferencen für Karneval und fröhliche Feste. (0284) Von K. Lehnhoff, 96 Seiten, kartoniert, **DM 6,80**
Tolle Sachen zum Schmunzeln und Lachen. (0163) Von E. Müller, 92 Seiten, kartoniert, **DM 6,80**
Humor für jedes Ohr. (0157) Von H. Ehnle, 96 Seiten, kartoniert, **DM 6,80**
Fidelitas und Trallala. (0120) Von Dr. Allos, 104 Seiten, viele Abbildungen, kartoniert, **DM 6,80**
Non Stop Nonsens. Sketsche und Witze mit Spielanleitungen. (0511) Von Dieter Hallervorden, 160 Seiten, gebunden, mit Schutzumschlag, **DM 14,80**

Sketsche. (0247) Von Margarete Gering, 132 Seiten, 16 Abbildungen, kartoniert, **DM 6,80**
Vergnügliche Sketche (0476) Von Horst Pillau, 96 S., mit lustigen Zeichnungen, kartoniert, **DM 6,80**
Sketche und spielbare Witze für bunte Abende und andere Feste. (0445) Von Hartmut Friedrich, 120 Seiten, 7 Zeichnungen, kartoniert, **DM 6,80**
Narren in der Bütt. (0216) Zusammengestellt von Th. Lücker, 112 Seiten, kartoniert, **DM 5,80**
Helau + Alaaf. Närrisches aus der Bütt. (0304) Von Erich Müller, 112 Seiten, kartoniert, **DM 6,80**
Helau + Alaaf 2. Neue Büttenreden (0477) Von Edmund Luft, 104 S., kartoniert, **DM 7,80**
Rings um den Karneval. Karnevalsscherze und Büttenreden. (0130) von Dr. Allos, 136 Seiten, kartoniert, **DM 6,80**
Die große Lachparade. (0188) Von E. Müller, 108 Seiten, kartoniert, **DM 6,80**
Damen in der Bütt. Scherze, Büttenreden, Sketsche (0354) Von Traudi Müller, 136 Seiten, kartoniert, **DM 6,80**

* Neuerscheinung. Preise waren bei Druckbeginn noch nicht endgültig festgelegt.

Spielen

Kartenspiele. (2001) Von Claus D. Grupp, 144 Seiten, kartoniert, **DM 7,80**
Neues Buch der Kartenspiele. (0095) Von K. Lichtwitz, 96 Seiten, kartoniert, **DM 5,80**
Spielen mit Rudi Carrell. 113 Spiele für Party und Familie (2014) Von Rudi Carrell, 160 Seiten mit 50 Abbildungen, gebunden, **DM 14,80**
Spieltechnik im Bridge. (2004) Von Victor Mollo/Nico Gardener, deutsche Adaption von Dirk Schröder, 216 Seiten, kartoniert, **DM 16,80**
Spielend Bridge lernen. (2012) Von Josef Weiss, 108 Seiten, kartoniert, **DM 7,80**
Besser Bridge spielen. Reiztechnik, Spielverlauf und Gegenspiel. (2026) Von Josef Weiss, 143 Seiten, mit vielen Diagrammen, kartoniert, **DM 14,80**
Das Skatspiel. (0206) Von K. Lehnhoff, bearbeitet von Alt-Skatmeister P. A. Höfges, 96 Seiten, kartoniert, **DM 5,80**
Alles über Skat (2005) Von Günter Kirschbach, 144 Seiten, kartoniert, **DM 7,80**
Rommé und Canasta in allen Variationen. (2025) Von Claus D. Grupp, 124 Seiten, 24 Zeichnungen, kartoniert, **DM 7,80**
Patiencen in Wort und Bild. (2003) Von Irmgard Wolter, 136 Seiten, kartoniert, **DM 7,80**
Schafkopf, Doppelkopf, Binokel, Cego, Gaigel, Jaß, Tarock und andere. (2015) Von Claus D. Grupp, 152 Seiten, kartoniert, **DM 8,80**
Backgammon für Anfänger und Könner. (2008) Von G. W. Fink und G. Fuchs, 116 Seiten, 41 Zeichnungen, kartoniert, **DM 9,80**
Dame. Das Brettspiel in allen Variationen (2028) Von Claus D. Grupp, 104 S., mit Diagrammen, kartoniert, **DM 9,80**
Gesellschaftsspiele für drinnen und draußen. (2006) Von Heinz Görz, 128 Seiten, kartoniert, **DM 6,80**
Würfelspiele. (2007) Von Friedrich Pruss, 112 Seiten, kartoniert, **DM 7,80**
Mini-Spiele für unterwegs und überall. (2016) Von Irmgard Wolter, 152 Seiten, kartoniert, **DM 9,80**
Spiele für Theke und Stammtisch. (2021) Von Claus D. Grupp, 104 Seiten, 27 Zeichnungen, kartoniert, **DM 6,80**
Kartentricks. (2010) Von T. A. Rosee, 80 Seiten, 13 Zeichnungen, kartoniert, **DM 5,80**

Neue Kartentricks (2027) Von Klaus Pankow, ca. 112 S., mit 20 Abbildungen, kart., **DM 6,80**
Zaubern. einfach – aber verblüffend (2018) Von Dieter Bouch, 84 Seiten mit Zeichnungen, kartoniert, **DM 5,80**
Zaubertricks. Das große Buch der Magie. (0282) Von Jochen Zmeck, 244 Seiten, 113 Abbildungen, kartoniert, **DM 14,80**
Falken-Handbuch Zaubern. Über 400 verblüffende Tricks. (4063) Von Friedrich Stutz, 368 S., über 1200 Zeichnungen, gebunden, mit vierfarbigem Schutzumschlag, **DM 29,80**
Roulette richtig gespielt. (0121) Von M. Jung, 96 Seiten, zahlreiche Tabellen, kartoniert, **DM 6,80**
Glücksspiele mit Kugeln, Würfeln und Karten. (2013) Von Claus D. Grupp, 116 Seiten, kartoniert, **DM 7,80**
Das japanische Brettspiel GO. (2020) Von Winfried Dörholt, 104 Seiten, 182 Diagramme, kartoniert, **DM 9,80**
Das Schachspiel. (0104) Von W. Wollenschläger, 72 Seiten, 65 Diagramme, kartoniert, **DM 5,80**
Neue Schacheröffnungen (0478) Von Theodor Schuster, 108 S., mit 100 Diagrammen, kartoniert, ca. **DM 8,80**
Schach für Fortgeschrittene. Taktik und Probleme des Schachspiels. (0219) Von R. Teschner, 96 Seiten, 85 Schachdiagramme, kartoniert, **DM 5,80**
Spielend Schach lernen. (2002) Von Theo Schuster, 128 Seiten, kartoniert, **DM 6,80**
Schach dem Weltmeister Karpow. (0433) Von Theodor Schuster, 136 Seiten, 19 Abbildungen und 83 Diagramme, kartoniert, **DM 12,80**
Schach. Das Handbuch für Anfänger und Könner (4051). Von Theo Schuster, 360 Seiten mit über 340 Diagrammen, gbd., mit Schutzumschlag, **DM 26,–**
Alles über Pokern. Regeln und Tricks. (2024) Von Claus D. Grupp, 120 Seiten, 29 Kartenbilder, kartoniert, **DM 6,80**
Wir spielen. Hunderte Spiele für einen und viele (4034) Von Heinz Görz, 430 Seiten mit 370 farbigen Zeichnungen, gbd., **DM 26,–**

* Neuerscheinung. Preise waren bei Druckbeginn noch nicht endgültig festgelegt.

Kinderbeschäftigung

Zeitgemäße Beschäftigung mit Kindern. (4025) Von Ingeborg Rathmann, 496 Seiten, 450 Abbildungen, 16 Farbtafeln, **DM 36,–**
Kinderfeste daheim und in Gruppen. (4033) Von Gerda Blecher, 240 Seiten, 320 Abbildungen, Balacroneinband, gbd., **DM 24,80**
Das bunte Rätselbuch für Kinder. (4065) Von Felicitas Buttig, 120 S., durchgehend vierfarb., mit über 100 Zeichnungen, Pbd., **DM 19,80**
Das farbige Kinderlexikon von A–Z. (4059) Herausgegeben von Felicitas Buttig, 392 Seiten, 386 farbige Abbildungen, Pappband, **DM 29,80**
Spiele für Kleinkinder. (2011) Von Dieter Kellermann, 80 Seiten, kartoniert, **DM 5,80**
Kinderspiele, die Spaß machen. (2009) Von Helen Müller-Stein, 112 Seiten, 28 Abbildungen, kartoniert, **DM 6,80**
Kindergeburtstag. Einladung – Vorbereitung – Ablauf. Mit vielen Spiel- und Beschäftigungsvorschlägen. (0287) Von Dr. Ilse Obrig, 104 Seiten, 40 Abbildungen, 11 Zeichnungen, 9 Lieder mit Noten, kartoniert, **DM 5,80**
Tipps und Tapps. Maschinenschreib-Fibel für Kinder. (0274) Von H. Kaus, 48 Seiten, farbige Abbildungen, kartoniert, **DM 4,80**
Lirum, Larum, Löffelstiel. Ein Kinder-Kochkurs. (5007) Von Ingeborg Becker, 64 Seiten mit Abbildungen, durchgehend vierfarbig, Spiralheftung, **DM 9,80**
Kinder lernen spielend kochen. (5096) Von Margrit Gutta, 64 Seiten, 45 Farbfotos, Pappband, **DM 9,80**
Zeichnen lernen mit OSKAR. Kleines Tier-ABC von Affe–Zebra. (5054) Von OSKAR, 64 Seiten, 60 Abbildungen, durchgehend zweifarbig, kartoniert, **DM 5,80**

* Neuerscheinung. Preise waren bei Druckbeginn noch nicht endgültig festgelegt.

Rat & Wissen für die ganze Familie

Wie soll es heißen? (0211) Von Dr. Köhr, 88 Seiten, kartoniert, **DM 5,80**
Vorbereitung auf die Geburt. Schwangerschaftsgymnastik, Atmung, Rückbildungsgymnastik. (0251) Von Sabine Buchholz, 112 Seiten, 98 Fotos, kartoniert, **DM 6,80**
Wenn Sie ein Kind bekommen. (4003) Von Ursula Klamroth, 240 Seiten, 86 Fotos und 30 Zeichnungen, gebunden, mit vierfarbigem Schutzumschlag, **DM 19,80**
Sexualberatung. (0402) Von Dr. Marianne Röhl, 168 Seiten, 8 Farbtafeln und 17 Zeichnungen, Pappband, **DM 19,80**
Scheidung und Unterhalt nach dem neuen Eherecht. (0403) Von Rechtsanwalt H. T. Drewes, 104 Seiten mit Kosten- und Unterhaltstabellen, kartoniert, **DM 7,80**
Erbrecht und Testament. Mit Erbschaftssteuergesetz 1974. (0046) Von Dr. jur. H. Wandrey, 112 Seiten, kartoniert, **DM 6,80**

Der Rechtsberater im Haus. (4048) Von Karl-Heinz Hofmeister, 528 Seiten, gebunden, mit farbigem Schutzumschlag, **DM 39,–**
Mietrecht. Leitfaden für den Mieter und Vermieter (0479) Von Johannes Beuthner, 196 S., kartoniert, **DM 12,80 DM**
Haus oder Eigentumswohnung. Planung · Finanzierung · Bauablauf. (4070) Von Rainer Wolff, ca. 352 Seiten, viele Abbildungen und Skizzen, gebunden, mit Schutzumschlag, ca. **DM 29,80***
Straßenverkehrsrecht. Beispiele · Urteile · Erläuterungen. (0498) Von Johannes Beuthner, ca. 192 Seiten, kartoniert, ca. **DM 12,80***
Advent und Weihnachten. Basteln – Backen – Schmücken – Feiern (4067) Von Margrit Gutta, Hanne Hangleiter, Felicitas Buttig, Ingeborg Rathmann, Gabriele Vocke, 152 S., 15 Farbtafeln, zahlreiche Abb. und Zeichnungen, kart., **DM 9,80**
Mitmenschen-Kompass. Der richtige Weg, sich und andere zu verstehen. (4078) Von Heidelore Kluge, 160 Seiten, gebunden, mit Schutzumschlag, **DM 16,80**
Umgangsformen heute. Die Empfehlungen des Fachausschusses für Umgangsformen. (4015) 312 Seiten, 167 Fotos und 44 Abbildungen, gebunden mit vierfarbigem Schutzumschlag, **DM 24,–**
Von der Verlobung zur Goldenen Hochzeit. Vorbereitung · Festgestaltung Glückwünsche (0393) Von Elisabeth Ruge, 120 Seiten, kartoniert, **DM 6,80**
So deutet man Träume. Die Bildersprache des Unbewußten. (0444) Von Georg Haddenbach, 160 Seiten, Pappband, **DM 9,80**
Die neue Lebenshilfe **Biorhythmik.** Höhen und Tiefen der persönlichen Lebenskurven vorausberechnen und danach handeln. (0458) Von Walter A. Appel, 157 Seiten, 63 Zeichnungen, Pappband, **DM 9,80**
Selbst Wahrsagen mit Karten. Die Zukunft in Liebe, Beruf und Finanzen. (0404) Von Rhea Koch, 112 Seiten mit vielen Abbildungen, Pappband, **DM 9,80**
Wahrsagen mit Tarot-Karten (0482) Von Edwin J. Nigg, ca. 112 S., mit Farbtafeln und Karten, Pappband, **DM 12,80**
Die 12 Sternzeichen. Charakter, Liebe und Schicksal (0385) Von Georg Haddenbach, 160 Seiten, Pbd., **DM 9,80**
Die 12 Tierzeichen im chinesischen Horoskop. (0423) Von Georg Haddenbach, 112 Seiten, kartoniert, **DM 9,80**
Das Super-Horoskop. Der neue Weg zur Deutung von Charakter, Liebe und Schicksal nach chinesischer und abendländischer Astrologie. Ein Leitfaden für alle, die mehr über sich und ihre Mitmenschen wissen wollen. (0465) Von Georg Haddenbach, 175 Seiten, kartoniert, **DM 9,80**
Astrologie. Charakterkunde – Schicksal, Liebe und Beruf – Berechnung und Deutung von Horoskopen – Aszendenttabelle. Von B. A. Mertz, mit einem Geleitwort von Hildegard Knef, (4068), 342 S., mit erläuternden Grafiken, gbd., mit vierfarb. Schutzumschl., **DM 28,–**

* Neuerscheinung. Preise waren bei Druckbeginn noch nicht endgültig festgelegt.

Falls durch besondere Umstände Preisänderungen notwendig werden, erfolgt Auftragserledigung zu dem bei der Lieferung gültigen Preis.

Bestellschein FALKEN VERLAG

Erfüllungsort und Gerichtsstand für Vollkaufleute ist der jeweilige Sitz der Lieferfirma. Für alle übrigen Kunden gilt dieser Gerichtsstand für das Mahnverfahren.
Ich bestelle hiermit aus dem Falken Verlag GmbH, Postfach 1120, D-6272 Niedernhausen/Ts., durch die Buchhandlung:

Ex. ____________________

Ex. ____________________

Ex. ____________________

Ex. ____________________

Name: ____________________

Straße: __________ Ort: __________

Datum: __________ Unterschrift: __________